AUX CHAMBRES.

RÉVÉLATIONS

SUR L'ASSASSINAT

DU DUC DE BERRY,

SUIVIES

DES PIÈCES JUSTIFICATIVES.

PAR LE COLONEL DE CAVALERIE

CHARLES-FERDINAND, Baron DE SAINT-CLAIR.

Quamquam animus meminisse horret luctuque refugit
Incipiam......

Paris.

CHEZ LES MARCHANDS DE NOUVEAUTÉS.

1830.

RÉVÉLATIONS

SUR L'ASSASSINAT

DU DUC DE BERRY.

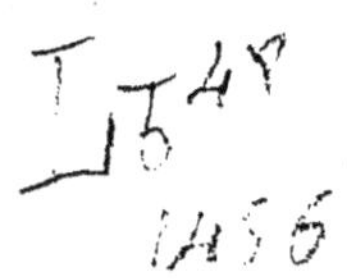

IMPRIMERIE DE A. BARBIER,

RUE DES MARAIS S.-G. N. 17.

AUX CHAMBRES.

RÉVÉLATIONS
SUR L'ASSASSINAT
DU DUC DE BERRY,

SUIVIES

DES PIÈCES JUSTIFICATIVES.

PAR LE COLONEL DE CAVALERIE

CHARLES-FERDINAND, Baron DE SAINT-CLAIR.

Quamquam animus meminisse horret luctuque refugit
Incipiam..... ..

PARIS.

CHEZ LES MARCHANDS DE NOUVEAUTÉS.

1830.

RÉVÉLATIONS

SUR L'ASSASSINAT

DU DUC DE BERRY,

AUX CHAMBRES.

Le sang de vos rois crie et n'est point écouté !...
RACINE.

❊❊❊❊❊❊❊❊❊❊❊❊❊❊❊❊❊❊❊❊❊❊❊❊❊❊❊❊❊❊❊❊❊❊❊❊❊

NOBLES PAIRS, HONORABLES DÉPUTÉS,

Je ne viens pas dérouler à vos yeux, le hideux tableau des persécutions qui ont flétri mon existence depuis mon retour dans ma patrie. Je ne viens pas vous dire que pour prix de vingt-trois ans de services pour la cause de la légitimité et de dix-huit blessures qui couvrent mon corps, des ministres de S. M. T. C. m'ont violemment dépouillé des droits acquis au prix de mon sang; que pour m'assassiner moralement dans la société, que pour me rendre indigne de foi, ils m'ont précipité dans les cachots et traîné sur le banc de la cour d'assises, sous la prévention de crimes

I

imaginaires : j'ai appris à souffrir sans me plaindre ; et de si faibles intérêts aujourd'hui sont loin de ma pensée [1]. Fidèle à mon roi, dans mon malheur comme dans ma prospérité, je viens en présence de la nation et au risque de voir tourner contre ma poitrine des poignards déjà exercés, soumettre à votre haute sagesse des faits caractéristiques du forfait dont Louvel ne fut qu'un aveugle instrument.

---

[1] J'éviterai avec soin de parler de moi dans cet ouvrage. Mais que ceux qui ont voulu me flétrir dans la société ne croient pas que leurs outrages doivent rester dans l'oubli. Mon honneur me commande de les faire connaître et d'en démontrer la véritable cause. Des mémoires sur ma vie, sur ma carrière militaire, apprendront donc au public ce que peuvent sur la destinée d'un homme les criminelles combinaisons d'une police atroce. Ces Mémoires qui sont le complément des révélations que je mets au jour, et qui paraîtront, malgré les poignards dont je pourrais être victime, me montreront en relation continuelle, pendant vingt-trois ans, avec les personnages les plus considérables de l'Europe, aux bords du Rhin dans l'armée de Condé, en Angleterre, aux Antilles, en Hollande, en Egypte, en Italie, En Espagne, en Portugal, en Russie et en Allemagne. Ils me montreront en France accueilli à bras ouverts par les braves qui, en combattant sous d'autres bannières, m'avaient toujours trouvé leur ami sur tant de champs de bataille ! ils apprendront à M. Decazes que ce soldat couvert

Jusqu'ici l'accusation portée contre M. Decazes par l'opinion publique, dont les journaux et plusieurs écrivains furent les organes, n'a été fondée que sur la coupable imprévoyance d'une police qui se montra complice de cèt attentat. Aujourd'hui, des faits graves et précis vous sont dénoncés, ils vous montrent ce ministre et ses complices, faisant les apprêts de la mort du prince, et conduisant leurs sicaires sur le lieu de la scène.

---

de blessures et de décorations, qu'il fit impitoyablement livrer comme un faussaire et un aventurier dans les mains de la justice criminelle, n'était point un parvenu comme lui, mais bien un descendant des ducs de Normandie (du côté maternel), et des comtes des Orcades et OEmodes; un descendant de Jean, comte de Saint-Clair, qui, en 1649, préféra être dépouillé de l'existence la plus brillante que de reconnaître Cromwell; un descendant de Henri, comte de Saint-Clair, qui, en 1689, fut le seul membre du Parlement Britannique qui osât faire une protestation énergique contre l'avénement de Guillaume, prince d'Orange, au trône des Stuart; le petit-fils de Jean, sire de Saint-Clair, qui en 1715 sacrifia des biens immenses et fut obligé de s'expatrier par son énergique dévouement à la même cause; le fils de Charles-Gédéon, baron de Saint-Clair, colonel commandant le régiment Royal-Suédois, qui après avoir consacré sa vie au service des rois de France, fut sacrifié à Dijon, le 29 janvier 1793, victime de son dévouement pour Louis XVI.

C'est à vous, dignes soutiens du trône, mandataires des grands intérêts de la France; c'est à vous de donner à la justice l'impulsion que les ministres lui ont refusée jusqu'ici, pour agir contre des hommes qui se sont montrés, à la fois, traîtres à la patrie et traîtres à leur roi. Songez que dès ce jour, les révélations de Buiema s'enregistrent sur les tablettes de l'histoire, et que, libre dans son langage comme dans ses jugemens, l'impartiale postérité en fera justice. Ne souffrez pas qu'elle dise que dans le grand siècle des lumières et sous le règne d'un Bourbon, les titres et les richesses ont suffi en France pour soustraire de grands criminels à l'empire des lois; ne souffrez pas qu'elle dise que les représentans de la nation, les premiers dignitaires de la couronne se sont assis sans horreur, près de ceux qui avaient versé le sang de leurs rois. [1]

---

[1] Le 13 février 1830 est le dixième anniversaire de ce forfait qui couvrit la France de deuil. Le 14, je le rappelle à la magistrature française, en présence de la nation, ceux qu'accusent Buiema et l'opinion publique, pourront se réfugier dans la prescription.

RÉVÉLATIONS

SUR L'ASSASSINAT

DU DUC DE BERRY.

J'expiais à Marly-le-Roi le crime d'avoir déplu à M. le comte Decazes, en rejetant avec indignation la proposition d'aller violer le domicile de madame la marquise de Favras pour lui ravir des papiers importans [1], lorsque, le 12 mars 1819, je vis paraître chez moi un jeune homme très-blond, ayant des yeux qui annonçaient un caractère dé-

---

[1] Vers la fin de 1815, je vis paraître à Paris le jeune marquis de Favras. Je l'avais connu en Russie où il était capitaine d'infanterie, et il se trouvait en France tout-à-fait malheureux. A ces deux titres il ne pouvait manquer d'être bien accueilli par moi. Je le traitai comme un frère ; il partagea ma table pendant neuf mois, et habituellement nous déjeunions ensemble au café Valois, alors infesté par les argus de la police. Cette relation journalière, comme on l'apprendra par mes Mémoires, où l'on lira des détails piquans à cet égard, me valut l'honneur de n'être pas perdu

cidé et vêtu d'une redingote grise; il demanda à me parler en particulier. Vous souvenez-vous, me dit-il, lorsque nous fûmes tête-à-tête, du hussard Buiema de L*******? — Si je m'en souviens, lui répondis-je; je lui dois la vie: c'est lui qui, en 1799, me retira blessé du champ de bataille près d'Alkmaar, et me fit porter dans sa famille où je fus soigné pendant deux mois (1). — Hé bien, continua-t-il, je suis son fils. Là-dessus, il m'apprit que son père avait acquis un grade élevé dans les armées républicaines, qu'il avait été tué, qu'il avait laissé sa famille à peu près sans existence, que lui-même avait été militaire, et que depuis quelques années il se trouvait au service particulier de M. Le Paultre, vicomte de Lamothe. Craignant de tomber dans quelqu'un des pièges dont j'avais été déjà victime, j'hésitai à me livrer

---

un instant de vue par le ministre Decazes. J'eus des rapports avec lui; je reçus de fréquentes invitations de sa part, et lorsqu'il crut pouvoir compter sur moi, il me fit faire, par M. Vincent, son homme de confiance, la proposition de m'introduire dans la famille du marquis de Favras, à l'aide de la confiance dont elle m'investissait, et d'en enlever violemment certains papiers. Loin d'être séduit par l'or et le grade de maréchal-de-camp qui m'étaient offerts, je mis avec indignation à la porte l'envoyé du ministre tout puissant. De là, la source de mes premières persécutions.

à la satisfaction de voir le fils d'un bienfaiteur. Mais il dissipa bientôt mes doutes en tirant de sa poche un livret où, le jour de mon départ de chez elle, sa famille m'avait fait écrire de ma propre main *mon nom, mes prénoms, le lieu de ma naissance, mon âge, et la date du jour où j'avais été retiré du champ de bataille.* Alors je lui fis sentir le prix que j'attacherais à donner au fils d'un homme qui m'avait sauvé de la mort quelques témoignages de ma reconnaissance. — «Il ne s'agit » pas de cela, me dit-il, un tout autre motif m'a-» mène auprès de vous. *Monsieur le colonel, je suis* » *accablé par le poids d'un secret;* et, d'après les rap-» ports que vous avez eus avec mes parens, et les opi-» nions que je dois nécessairement vous supposer, » vous êtes le seul homme à qui je puisse le confier; » il est important, il intéresse toute la famille » royale. — Parlez. — Je ne puis aller plus loin » que lorsque vous m'aurez solennellement juré » sur votre honneur, que vous ne me nommerez » pas; que vous agirez pour empêcher un grand » crime, et que vous n'agirez que dans le sens » des instructions que je vais vous donner. » Je me liai envers lui par la religion de ce serment. Alors il s'expliqua en ces termes : « Un complot » existe contre la vie du duc de Berry : sa perte » est résolue; ses jours sont en danger; j'en ai

» une connaissance *personnelle.* Il ne tardera pas
» long-temps d'être assassiné, si on ne prévient
» ce malheur. » J'aurais révoqué en doute, tout ce
que Buiema venait de dire; mais son accent, ses
manières firent passer sa conviction dans mon
âme. « Pourquoi, lui demandai-je alors, ne vous
» adressez-vous pas au ministre de la police? —
» Parce que je suis sûr que je n'existerais pas
» vingt-quatre heures après. — Que prétendez-
» vous dire? — Je prétends dire que M. Decazes
» est le principal auteur de ce complot, qu'il en
» dirige la trame, qu'il est le promoteur des as-
» sassins, déjà trouvés pour immoler le prince,
» et que d'autres personnages, dont je ne con-
» nais pas encore les noms, sont au nombre des
» conjurés. Ainsi, hâtez-vous de prévenir leurs
» coups; mais soyez circonspect et ne vous adressez
» qu'à quelqu'un de la cour dont le dévoûment
» pour le prince vous soit bien connu (2). »

Tel fut en substance et en abrégé, le langage
que me tint Buiema, avec un accent de vérité qui
ne s'effacera jamais de ma mémoire. Il me quitta
en me disant que des regards intéressés au secret
de cet exécrable complot étaient attachés sur lui,
notamment ceux du vicomte de Lamothe, qu'il
me livra pour l'un des complices; qu'il devait rentrer promptement à Paris pour éviter les soupçons;

que dans peu de jours il reviendrait chez moi pour me tenir au courant des nouvelles découvertes *qu'il devait nécessairement faire, dans la position où il se trouvait placé*, et pour connaître le résultat de mes démarches. « Ma position est affreuse, disait-il, arrachez-moi *des mains de ces scélérats*; cherchez-moi des protecteurs assez puissans pour que je puisse sortir de la France sans trouver la mort sur mon chemin. Mais pourtant n'allez pas par un excès de zèle dénoncer ouvertement ce complot, nous n'avons pas assez de preuves, et vous ne feriez que nous perdre. »

Ce même jour, 12 mars 1819, j'écrivis à M. le comte de Clermont-Lodève, aide-de-camp et gentilhomme d'honneur de Son Altesse Royale le duc de Berry, pour lui déclarer qu'un complot existait contre les jours de ce prince; qu'étant lié par un serment, je ne pouvais pas par écrit lui donner d'autres explications; mais que le salut du prince était intéressé à ce qu'il me vît le plutôt possible, et qu'en conséquence je le priais de m'assigner promptement un rendez-vous pour recevoir mes avertissemens, et concerter ensuite les moyens de déjouer l'odieuse trame qu'on ourdissait contre lui. (3)

Que fit le comte de Clermont-Lodère en recevant cette lettre? [1] il garda un profond silence; il ne me fit pas l'honneur de me répondre. Qu'on ne se hâte pourtant pas de l'accuser de n'y avoir fait aucune attention, de n'en avoir fait aucun usage; car le lendemain même du jour qu'elle lui parvint, *un mandat d'arrêt fut signé contre moi.* Je ne fus pas arrêté sur-le-champ, parce que devant pour me perdre, me livrer à la justice criminelle, comme coupable de port illégal de décorations étrangères, on considéra que c'était en vain, qu'à la suite de l'indignation que j'avais laissé éclater contre M. Decazes, lors de l'infâme proposition relative aux papiers du marquis de Favras, on m'avait soustrait, au ministère de la guerre, les brevets originaux de mes décorations, puisque j'avais dans les mains des pièces équivalentes nouvellement reçues de la Russie, et dont jusque-là je n'avais voulu livrer que des copies *légalisées.* Il

---

[1] Que M. de Clermont Lodève, à qui je m'adressai de préférence, parce que je l'avais personnellement connu en Sicile, ne dise pas que ma lettre ne lui est point parvenue. Je ne voulus la confier à personne; je fis exprès le voyage de Paris pour la remettre moi-même à l'Élysée-Bourbon, où il demeurait; l'ayant trouvé absent, je la laissai à son domestique, en le pénétrant de la nécessité de la remettre de suite, comme une chose de la plus haute importance.

fallut donc attendre qu'on m'eût dépouillé des nouveaux originaux, sans lesquels je devais me trouver dépourvu de moyens de défense. En conséquence, des pièges me furent tendus immédiatement, et par l'effet d'une lettre ministérielle, sous la date du 15 mars, *sans signature*, mais portant en marge la mention imprimée du cabinet particulier du ministre, lettre que j'avais en vain sollicitée pendant sept mois, pour mettre mes pièces en sûreté, on parvint à me les ravir le 18° du même mois. Je les livrai contre l'avis de M. le comte de Moustier, mon ami intime, et l'un des trois gardes du corps qui accompagnaient Louis XVI à Varennes. L'affectation avec laquelle, après plusieurs renvois d'un bureau à l'autre, on me refusait un reçu, en exigeant la remise de la *lettre ministérielle sans signature* qui m'invitait à porter mes originaux, l'avait frappé; il s'opposait de toutes ses forces à ce que je m'en dessaisisse. Il avait raison, car le surlendemain du jour que je les eus livrés, je fus arrêté dans mon domicile à Marly-le-Roi, en exécution du mandat du quatorze, et je le fus par des officiers de police qui parurent s'intéresser à mon sort, et qui me déclarèrent, je le proteste à la face de Dieu et des hommes, que quoique leur mandat fût signé par M. Anglès, préfet de police, l'ordre de mon arrestation *éma-*

nait de M. Decazes ; qu'il aurait été exécuté le 15, mais qu'ils avaient reçu immédiatement l'avis de ne rien entreprendre que sur un nouvel ordre qu'on n'avait donné que la veille de mon arrestation.

Je fus conduit à la Préfecture de police, et de là à la prison de la Force, où je restai vingt-huit jours, sous la prévention d'avoir induement porté les décorations des ordres de St.-Georges, Sainte-Anne, Valdimir et du Mérite-Militaire de Prusse *à l'aide de faux titres.* Je devais succomber sous le poids de cette accusation, car les brevets envoyés des bureaux de la guerre étaient évidemment faux, et l'autorisation que j'avais obtenue pour porter ces ordres en France, et dont on avait exigé la remise sans nécessité et sous un faux prétexte, m'était frauduleusement retenue. Mais on ne trompe pas facilement la religion des magistrats dont s'honore la capitale. Dès le premier interrogatoire que je subis devant M. Roger, juge d'instruction, je fus mis en liberté ; le 27 mai 1819, la chambre du conseil décida qu'il n'y avait point lieu à accusation contre moi, et ce jugement resta sans appel de la part du ministère public. La justice fut donc convaincue que j'étais victime d'une affreuse persécution.

En sortant de prison, le soir du 29 avril, je

me dis : Le comte de Clermont-Lodève n'a point répondu à ma lettre du 12 mars; le 14, lendemain du jour où il l'avait reçue, un mandat d'arrêt a été décerné contre moi; Buiema m'a affirmé que des personnes de la cour étaient dans le complot, et l'officier de paix qui m'a arrêté m'a déclaré que cet ordre émanait de M. Decazes. Il est donc évident que je me suis mal adressé, et que je dois cet attentat à ma liberté à la communication de cette lettre qui aura été faite à M. Decazes. Il est évident aussi qu'en faisant de nouvelles démarches pour cet objet, je vais m'attirer d'autres persécutions et exposer ma vie; mais j'ai tant de fois bravé la mort pour les Bourbons, je l'affronterai encore pour le salut du prince dont on a résolu le sacrifice.

Dès le lendemain 30 avril, j'écrivis donc au duc de Maillé une lettre dans le sens de celle du 12 mars. Je lui témoignais mon indignation du silence de M. de Clermont-Lodève, que je trouvais indécent, injurieux, et envers l'auguste prince qui l'avait comblé de bienfaits, qui l'avait fait son aide-de-camp, son gentilhomme d'honneur; et envers moi qui, en 1806, sur la recommandation du maréchal-de-camp Burel, mon ami, lui avais rendu des services importans en Sicile (4).

En recevant cette lettre, le duc de Maillé prouva par sa conduite qu'il s'inquiétait aussi peu du salut du prince que le comte de Clermont-Lodève. Plus poli que ce dernier, il m'honora bien d'une réponse, mais seulement deux mois après; mais seulement pour me dire que la santé de madame sa mère ne lui permettait pas de s'occuper d'autre chose; qu'il ne pouvait point me recevoir, et que je pouvais m'adresser à M. le duc de Fitz-James de service auprès de MONSIEUR (5).

Le 3 juillet, en annonçant à M. le duc de Maillé la réception de cette lettre singulière, je lui écrivis de nouveau, pour lui dire qu'à cause du pouvoir immense qui se trouvait dans les mains du chef dirigeant le complot formé contre la vie du duc de Berry, je ne pouvais dévoiler la trame de ce crime qu'à une personne qui m'inspirât une confiance sans bornes, fondée sur des rapports personnels, et que, n'ayant pas l'honneur de connaître M. le duc de Fitz-James, je le priais, dans le cas où il persisterait à ne pas recevoir lui-même cette révélation, de m'indiquer un autre seigneur de la cour, avec lequel je pusse concerter les moyens de sauver les jours du prince (6).

Le 6 du même mois de juillet, M. le duc de

Maillé, tout en persistant à ne pas me recevoir, sous de vains prétextes, m'écrivit pour me dire que je pouvais m'adresser, *de sa part*, à M. le comte d'Escars, capitaine des gardes de Monsieur, *à qui il avait déjà parlé de l'objet de mes lettres*, et que je n'avais qu'à me rendre chez lui, au château des Tuileries, le jour que je voudrais, avant neuf heures du matin (7).

Dès le lendemain 7 juillet, je fus trouver le comte d'Escars. Il m'accueillit avec politesse. Je lui déclarai tout ce que le serment que j'avais prêté à Buiema me permettait de dire; il en parut peu étonné, et il se borna à me répondre avec calme, *que le prince ne risquait rien, qu'on avait l'œil partout*. Est-ce avec ce sang-froid, lui répliquai-je, que vous pouvez envisager les dangers réels dont je viens de vous dénoncer l'existence ; est-ce avec une pareille inaction que vous prétendez arrêter des coups partis d'une main si puissante? Là-dessus, je parlai avec une telle énergie des sentimens dont on devait être pénétré dans une position si imminente, et des moyens vigoureux qu'il convenait d'employer pour prévenir ce crime, que le comte d'Escars devint blême comme un mourant. Je le laissai dans cet état, après avoir moi-même sonné ses domestiques pour qu'on lui donnât du secours, et je m'éloignai éprouvant, avec le sentiment de la pitié que devait inspirer un capitaine des gardes, pâlissant à l'idée d'une simple mesure de salut, un sentiment de douleur que je ne pouvais définir, mais qui provenait de l'indifférence que je voyais pour les jours du prince dans ceux même qui entouraient le trône, et du pressentiment que le complot que je dénonçais inutilement ne tarderait pas d'être couronné d'un horrible succès.

Ayant fait tout ce qui était en mon pouvoir pour prévenir le crime qui devait couvrir la France de deuil, et me trouvant alors dénué de preuves qui me permissent de recourir à d'autres moyens, puisque, par l'effet de mon arrestation, j'avais été privé des révélations plus étendues que m'avait promises Buiema, je me trouvai dans une horrible perplexité. Sans cesse agité par le tourment de connaître les dangers qui environnaient la tête du prince, et par l'impuissance de les faire cesser, je l'avouerai, plusieurs fois je fus tenté d'aller attendre le ministre Decazes au château des Tuileries, et, sous prétexte de venger les atrocités dont il s'était rendu coupable envers moi, de le provoquer en duel, pour trancher avec mon épée le fil de la trame criminelle qu'il tenait de sa main [1].

---

[1] Quoique je fusse le seul qui eût des renseignemens po-

Dans cet état de choses, ma sollicitude me porta à ouvrir mon âme à M. le comte de Florac, député, et ancien officier de l'armée de Condé, que je vis à Versailles le 4 octobre 1819. Je lui

---

sitifs, sur le principal auteur et les circonstances de ce complot, je n'étais pas le seul tourmenté par la crainte d'une prochaine catastrophe : M. Roy, chef d'escadron de la gendarmerie de la Seine, fit connaître avant l'événement, au premier écuyer du duc de Berry, les avertissemens qu'il avait reçus sur les dangers qui menaçaient les jours de ce prince. M. le comte de Greffulh, pair de France, averti par des lettres anonymes, est mort à la suite des fatigues physiques et morales qu'il avait prises pour empêcher l'assassinat pendant les dix jours qui précédèrent ce crime. Le bruit de ces mêmes dangers avait circulé en France et même dans l'étranger, et un courrier passant à Compiègne, le 13 février, *à neuf heures du soir*, annonça à la poste l'assassinat du duc de Berry. Or, le coup fatal ne partit ce jour-là de la main de Louvel *qu'à onze heures du soir*, et Compiègne est à dix-neuf lieues de Paris. La police de M. Decazes savait tout cela, et le jour où, après tous ces bruits, tous ces avertissemens, le prince va au spectacle, la garde de l'Opéra est confiée à un officier de paix, investi de toute la confiance du ministre, et qui, au moment où le prince allait sortir, s'absenta pour aller prendre un verre de liqueur avec un inspecteur, dans le café qui fait l'angle de la rue de Richelieu. Procès de Louvel, vol. 1, page 47, etc. ; Clausel de Consergues, pages 140 et 141 ; Drapeau Blanc du.... février 1820, lettre adressée à M. le baron Laisné.

dis tout ce que j'avais dit au comte d'Escars, tout ce que j'avais voulu dire au comte de Clermont-Lodève et au duc de Maillé; et je lui expliquai le triste résultat de mes démarches auprès de ces messieurs. Il me conseilla d'aller trouver M. Clausel de Coussergues, dont il me donna lui-même l'adresse. Dès le lendemain, je me rendis rue Cassette, dans la demeure de ce magistrat, et je lui dénonçai l'existence du complot formé contre la vie du duc de Berry, lui signalant le comte Decazes comme le chef dirigeant, et ne passant sous silence que le nom de Buiema, parce que je me trouvais encore lié par la religion de mon serment.

Cependant, le 13 février arrive, et j'apprends l'horrible nouvelle de l'assassinat du duc de Berry!.... C'est alors que je sentis vivement la profonde indignation que m'avait déjà inspirée l'indifférence du comte de Clermont Lodève, du duc de Maillé et du comte d'Escars; c'est alors surtout que je déplorai le malheur de n'avoir pu revoir Buiema, de n'avoir pu recevoir de plus amples révélations, qui m'auraient sans doute mis à même de recourir à des moyens plus efficaces pour déjouer la conjuration. .

Dès le lendemain 14 février, jour où cette nouvelle parvint à Versailles, j'écrivis au duc de Maillé pour lui représenter les déplorables effets de l'indifférence avec laquelle on avait accueilli mes révélations. Dès qu'on n'a pas voulu, lui disais-je en substance et en des termes plus circonspects, me seconder pour sauver les jours du prince; qu'on me seconde du moins, pour faire tomber la vengeance des lois sur la tête des véritables coupables. Je suis prêt à tout affronter, le poison, le fer, à encourir tous les dangers : qu'on me confie la garde de Louvel, et je me charge de lui faire avouer ses complices, j'ai la clef, il est impossible qu'il me résiste. (8)

Le 20 du même mois de février, le duc de Maillé, me répondit *qu'il ne pouvait seconder mes désirs, ne*

---

[1] Je n'avais qu'à nommer Buiema pour avoir le secret de Louvel. Il fut ferme dans son système de dénégation lorsque M. Decazes lui eut parlé à l'oreille, en commençant le premier interrogatoire qu'il lui fit subir lui-même à l'Opéra ; lorsque depuis trois heures du matin, jusqu'à sept heures du soir, il l'eut eu sous la main, dans son cabinet et dans une des salles de son ministère, où il prit soin de remplacer les gendarmes par des hommes affidés. Mais avant il avait presque fait un aveu, en répondant à la première question que lui adressa le gendarme Lavigne, pour savoir s'il avait des complices : *Il ne manque pas de monde en France.* (Déposition de Lavigne, procès de Louvel, vol. 2, page 219.) Bien plus, lorsqu'il fut arrivé à la Conciergerie, on re-

sachant à qui se trouvait confiée la garde de ce monstre !... (9)

Je devais du moins m'attendre à être appelé comme témoin dans le procès de Louvel ; mais tandis que la commission et la cour des pairs faisaient venir à grands frais à Paris toutes les personnes qui avaient proféré le moindre mot qui eût du rapport aux antécédens, aux circonstances de cet attentat ; tandis qu'elle allait jusqu'à entendre des forçats libérés, à faire transporter des galériens de leurs bagnes ; moi, vétéran de l'armée de Condé ; moi, serviteur éprouvé de la famille des Bourbons ; moi, qui étais sur les lieux, qui m'étais montré instruit du complot, qui l'avais

---

marqua généralement que Louvel ne revenait à son système de dénégation *qu'en réprimant* des mouvemens involontaires (Drapeau-Blanc du 29 février 1820) ; il se privait de boire du vin, et il expliquait son extrême sobriété *par la crainte de laisser échapper son secret* (Constitutionnel du 21 février 1820). Devant le cadavre de sa victime, après avoir répondu négativement à la question de complicité, il ajouta : *au surplus, la justice est là, qu'elle fasse son devoir, et qu'elle découvre ceux qu'elle présume être mes complices* (Rapporté par le Drapeau-Blanc du 18 février). Bien plus encore, on assure et cela a déjà été écrit par Robert, qu'en quittant son confesseur pour passer dans les mains de l'exécuteur, Louvel dit : *Je ne croyais pas qu'ils m'eussent laissé périr !...*

dénoncé plusieurs mois auparavant, je fus soigneusement laissé de côté.[1] Pourquoi le comte de Clermont-Lodève à qui j'avais écrit le premier ; pourquoi le comte d'Escars avec lequel j'avais eu une

---

[1] Les soins que la police prit pour écarter de cette procédure toutes les personnes qui avaient pénétré la source
de ce crime, ou qui avaient montré de la fermeté pour parler de certains faits accessoires qui auraient pu y guider la
justice, sont manifestes. 1° On n'osa pas faire entendre
dans l'instruction préliminaire qui eut lieu devant la commission des pairs, Lavigne, qui, en fouillant Louvel, avait
trouvé dans sa poche des papiers qui avaient disparu, ni
Paulmier, Racary, Desbiez et Gilles Lorres, *qui les avaient
vus comme lui.* 2° L'influence qu'on avait exercée, dans
l'intervalle, sur tous ces témoins, avait à tel point intimidé
Lavigne lui-même, qu'il entra, *comme les autres,* dans la
cour des pairs, avec la ferme résolution de ne pas dire
un mot de ces papiers ; 3° M. Clausel de Coussergues, qui, à
la tribune nationale, avait appris à la France qu'il connaissait des faits importans relatifs à cette affaire, ne fut point
appelé comme témoin ; 4° M. le baron Laisné, lieutenant
colonel de la gendarmerie, serviteur éprouvé de la famille
royale, et qui, depuis, a été injustement destitué, dénonça
un fait important en déployant la plus grande énergie, et
il fut également écarté de la procédure. Procès de Louvel,
pag. 228, Clausel de Coussergués, page 329. 5° M. Wofs,
lieutenant de la gendarmerie, qui savait des faits importans, demanda à être entendu, et sa lettre resta sans réponse. La police sous M. Decazes, page 206.

conférence sérieuse sur l'existence de ce complot; pourquoi le duc de Maillé, *pair de France*, avec lequel j'avais entretenu une correspondance à ce sujet, et auquel j'avais inutilement demandé la garde de Louvel, ne m'ont-ils pas indiqué pour témoin; eux qui ont figuré dans ce procès? pourquoi n'ont-ils pas dit un mot des révélations que je leur avais faites? c'est une chose que je ne pus pas comprendre alors, que je comprends très-bien aujourd'hui, et que la France entière va comprendre avec moi.

A l'avénement de Charles X sur le trône, moi qui ignorais, malgré toutes les persécutions que j'avais essuyées, que la responsabilité du crime que j'avais dénoncé pesât sur tant de têtes; moi qui ignorais que tant d'hommes restés tout-puissans, fussent intéressés à me dépouiller de toute existence sociale, à m'anéantir moralement, je me souvins qu'à la restauration le duc de Maillé m'avait fait des protestations d'intérêt, en m'assurant que si je lui en offrais l'occasion, il serait charmé de m'être utile, et le 29 septembre 1824, je lui écrivis de Versailles pour le prier de me prêter son appui pour être placé à la cour comme écuyer ordinaire du roi. Le 9 octobre suivant, il me fit l'honneur de me répondre qu'il ne pouvait rien pour ma demande, que je devais m'adresser directement à M. le comte de Damas, premier gentilhomme de la chambre du Roi (10).

Ma dernière lettre au duc de Maillé et une démarche postérieure de plusieurs mois que je fis au ministère pour faire redresser la violation de tous mes droits, purent faire penser à mes ennemis que j'osais encore concevoir l'espérance de me relever de l'inconsidération où ils avaient prétendu me jeter, et d'être un jour vengé de leurs atrocités. Indignés que je ne me tinsse pas pour battu après tant de traits lancés sur moi pour me précipiter dans la boue, on résolut de revenir à la charge pour achever de m'assassiner moralement dans la société; et comme on avait échoué la première fois qu'on m'avait livré aux tribunaux, il fallut avec une sage lenteur créer et combiner des moyens plus graves pour m'accabler enfin. Le but de toutes ces persécutions était de me dépouiller de toute considération pour me rendre indigne de foi dans le cas où, suivant la menace écrite que je venais d'en faire au duc Decazes, j'oserais mettre au jour les révélations de Buiema. On ne risquait pourtant rien jusque-là, car je n'avais pas encore assez de preuves pour parler; et l'on verra que la dernière persécution que j'ai essuyée les a seule fait tomber dans mes mains; tant il est vrai qu'en fait de crimes, les combinaisons de la sagesse humaine sont toujours déjouées par le doigt de Dieu.

Le 20 juillet 1826, je fus arrêté dans mon domicile à Versailles, et les gendarmes chargés de ce nouvel attentat à ma liberté, n'eurent pas grande peine à l'exécuter; car j'étais dans mon lit très-malade, souffrant de plusieurs blessures rouvertes, et soumis à un régime tellement sévère que les médecins m'interdisaient toute autre nourriture que le lait de chèvre. C'est dans cet état que je fus conduit dans la prison de Versailles où je passai la nuit. Le lendemain je fus traîné à la préfecture de police à Paris, où je demeurai près de deux mois dans la salle St.-Martin, et de là je fus écroué à la Conciergerie du palais.

Le lendemain de mon arrivée dans cette prison, j'aperçus, dans la cour, un jeune homme qui frappait vigoureusement un autre détenu, en lui reprochant, avec désespoir, d'avoir trahi sa confiance. Je demandai l'explication de cette scène à plusieurs élèves de l'école de Châlons qui, du premier étage, en étaient témoins comme moi [1]. « Ce

---

[1] Ces élèves de l'école de Châlons, détenus par suite de la révolte connue, étaient au nombre de quatre. Deux d'entre eux me répondirent, c'étaient MM. Christophe et Schrédère ; mais tous les quatre entendirent mes questions et les paroles que Buiema proféra en refusant mon argent.

jeune homme, me répondirent-ils, que vous voyez si irrité, est *un malheureux Hollandais qui est écroué ici comme complice de Louvel.* Il avait confié au prisonnier qu'il vient de battre une lettre importante qu'il écrivait *au vicomte de Lamothe, général commandant à Lyon* [1]. Au lieu de la faire jeter à la poste *par une main sûre*, comme il en avait pris l'engagement, ce détenu [2] en a fait la remise au greffe, où il travaille. Elle a été ouverte ; son contenu a valu aujourd'hui à ce Hollandais un interrogatoire terrible qu'il a subi pendant cinq ou six heures devant M. Mathias[2], juge d'instruction; et c'est en sortant des mains de ce juge que, dans sa colère, il s'est livré aux voies de fait que nous venons de voir. » Un doute bien naturel, d'après ce que je venais d'entendre, s'éleva soudainement dans mon esprit; et, tout malade que j'étais, je descendis de suite dans la cour pour

---

[1] Cette lettre fut écrite avant mon entrée dans la Conciergerie, et par conséquent avant que j'eusse revu Buiema. Cette pièce importante doit se trouver dans le dossier du faux Brinck, puisqu'elle donna lieu à un interrogatoire si sérieux; et si la main de celui qu'elle compromet avait été assez puissante pour l'atteindre dans ce dossier, M. Mathias, juge d'instruction, pourrait en faire connaître le contenu.

2 Lahaye, de Versailles.

m'offrir aux regards de ce Hollandais. C'était Buiema!... Buiema, que j'avais en vain cherché depuis la révélation qu'il m'avait faite à Marly-le-Roi, et qui m'avait valu, avec tant de persécutions particulières, la perte de mon traitement de colonel de cavalerie, la radiation de mon nom du contrôle de l'armée, la perte de ma liberté, et par suite la perte de ma fortune!... Il me reconnut, leva les mains au ciel, mais il ne fit pas un pas vers moi; et je lus, avec surprise, dans ses traits, qu'il éprouvait quelque sentiment d'indignation à ma vue. Je remontai sans lui parler, et abordant de nouveau les élèves de l'école de Châlons qui m'avaient donné cette explication, je leur demandai s'ils connaissaient ce jeune homme. — Oui, me répondirent-ils, il nous rend ici quelques petits services et nous lui donnons quelques secours. — Voilà de l'argent, continuai-je alors, ayez la bonté de joindre aux libéralités que vous lui faites tant par jour de ma part. — Ces Messieurs reçurent cet argent, et un moment après ils voulurent s'acquitter de ma commission. Mais lorsque le Hollandais eut entendu que cet argent, qu'il avait déjà dans sa main, venait de moi, il le rejeta sur-le-champ, en disant en propres termes : *Je ne veux rien de lui ; s'il avait fait son devoir, je ne serais pas ici, et il n'y serait probablement pas lui-*

même. Ayant connu ce refus et cette réponse, je priai les élèves de l'école de Châlons de me faire parler à ce prisonnier, la première fois qu'il reviendrait auprès d'eux. Il m'avertirent le soir même, et je vis Buiema que sans ces antécédens j'aurais eu bien de la peine à reconnaître tant il était changé[1]! Il me répéta ce qu'il avait déjà dit en rejetant mon argent. Je ne vous demande, lui dis-je alors en particulier, que quarante-huit heures, pour vous prouver que sans perdre un moment, j'ai fait tout ce qui était en mon pouvoir pour empêcher l'assassinat du duc de Berry.

Le surlendemain, la personne qui, pour éviter mon empoisonnement et me faire prendre une

---

[1] Lorsque, le 12 mars 1819, il vint me trouver à Marly-le-Roi, il était très-bien mis, et brillant de jeunesse et de santé. Dans la Conciergerie, je le revoyais couvert de haillons, flétri par les chagrins, et dans un état de souffrance pitoyable. Les fers qu'on lui mit à Valenciennes, et qu'on ne lui ôta qu'à Paris, lui avaient laissé aux jambes des plaies tellement profondes, que, dans l'état d'abandon où il était dans la prison, elles auraient été mortelles, si je n'avais pas eu l'humanité de faire venir du linge de chez moi, et de le faire panser pendant tout le temps que je restai à la Conciergerie. Il était étranger à tous les bienfaits qu'on distribuait aux prisonniers, ce qui lui avait attiré la pitié des élèves de l'école de Châlons.

nourriture conforme à mon état, m'apportait chaque jour de Versailles, des alimens préparés sous ses yeux, m'apporta aussi les pièces originales de ma correspondance avec le duc de Maillé. Je les prends dans mes mains et j'aborde Buiema. Au seul nom du duc de Maillé, cet homme me regarda fixement... il garda un morne silence, et je vis avec étonnement qu'au lieu de recouvrer sa confiance, je venais d'achever de la détruire. *C'est une chose singulière,* disait-il à demi-voix. — D'où vient votre surprise, lui demandai-je alors, d'où viennent ces regards de méfiance que vous attachez sur moi, et que prétendez-vous dire par ces mots : *C'est singulier,* que vous proférez à chaque instant? *Je prétends dire,* me répondit-il, *que si vous connaissez le duc de Maillé, vous devez connaître ma position.* — J'eus beau argumenter, je ne pus tirer de lui pendant quelques momens que ces phrases : *C'est singulier... je ne comprends rien à ceci... dès que vous connaissez le duc de Maille, vous devez connaître ma position...* Enfin il se décida à lire ces lettres, à recevoir mes explications. Ce fut alors seulement qu'il comprit ma propre position et que sa confiance me fut rendue. — *Vous ne pouviez pas mieux vous adresser,* me dit-il alors d'un ton ironique, *il faut convenir que vous aviez bien choisi votre homme pour empêcher l'assas-*

sinat du prince!... — Que prétendez-vous dire? lui répliquai-je sérieusement. — *Je prétends dire que le duc de Maillé était un des principaux agens du complot.* — A ces mots je fus irrité et je lui demandai avec énergie, comment il osait accuser un homme qui avait émigré pour suivre nos princes, qui était comblé de leurs bienfaits et investi de leur confiance depuis la restauration. — *J'ose l'accuser parce que j'ai une connaissance personnelle de sa culpabilité : il était dans le complot, je vous le jure à la face du ciel.* — Cette horreur est incroyable! — *Je vous le prouverai par des écrits émanés de lui, notamment par deux lettres qu'il a adressées depuis à ma mère en lui envoyant de l'argent.*

Cherchant à éclairer la conviction que son accent de vérité commençait à faire passer dans mon âme, je l'accablai de questions sur l'origine de ce complot, sur les circonstances de son exécution, sur sa vie depuis cet évènement. Mais, pénétré de l'impossibilité d'atteindre des ennemis si puissans, il se borna à m'offrir par écrit la déclaration qu'il m'avait faite à Marly-le-Roi, le 12 mars 1819; à me dire que cette démarche avait eu des conséquences assez funestes pour moi, qu'il devait se taire sur tout le reste, parce qu'il ne ferait qu'aggraver sa position et la mienne.

Cependant sa première révélation m'avait appris que M. Le Paultre, vicomte de Lamothe, était du complot qui avait résolu la mort du prince, et je venais d'être mis au courant du sort qu'avait eu la lettre qu'il lui adressait de la Conciergerie. Il était si préoccupé des suites que cette lettre pouvait avoir pour lui, qu'un jour, voyant entrer dans la prison un marchand de vin, de Bordeaux, habillé de noir et ressemblant à son ancien maître, il se précipita dans ma chambre en criant : *Sauvez-moi, je suis perdu, le vicomte de Lamothe vient d'être arrêté, il va me tuer pour avoir manqué de prudence en lui écrivant cette lettre.*

Ce ne fut qu'après ce mouvement de frayeur, et après bien des instances de ma part, que Buiema s'ouvrant entièrement à moi, consentit à me faire le récit suivant :

« Me trouvant depuis 1812 au service particu-
» lier de M. Le Paultre vicomte de Lamothe, je
» possédais toute sa confiance. Au commence-
» ment de l'année 1819, il osa me déclarer que
» lui, le comte Decazes, et plusieurs autres per-
» sonnages de la cour qu'il ne me nomma pas
» alors, avaient résolu la mort du duc de Berry,
» et il me proposa de le tuer moi-même, en me
» promettant pour salaire, une somme de 150,000
» francs qui devait m'être garantie par le mi-

» nistre de la police et les autres membres de
» ce complot. Je n'osai ni refuser le serment qu'il
» exigea pour le secret, ni répondre négative-
» ment à sa proposition. Mais j'étais si loin de
» vouloir être l'instrument de ce crime, que, le
» 12 mars de la même année, c'est-à-dire aussi-
» tôt que je fus parvenu à découvrir votre de-
» meure, je fus vous trouver à Marly-le-Roi, pour
» vous faire connaître cette conjuration, pour
» vous supplier d'en prévenir les effets sans me
» compromettre, et de me procurer un protec-
» teur assez puissant pour m'arracher des mains
» de ces monstres, en me faisant sortir de la
» France. Quelques jours après, ayant appris par
» le vicomte de Lamothe que ceux qui devaient
» me garantir les 150,000 francs qu'il m'avait
» proposés étaient le *comte Decazes*, le *duc de*
» *Maillé*, le *comte de Clermont-Lodève*, le *comte*
» *François-Descars*, le *général S....* [1], et le *gé-*
» *néral comte Lion*; j'allais vous faire part de cette
» nouvelle découverte; mais en arrivant à Marly-
» le-Roi, j'appris que vous veniez d'être arrêté.
» Cette nouvelle me saisit de terreur, et je pris

---

[1] Là se trouve un nom qu'on n'osa écrire, crainte de
tomber dans une erreur parce qu'il est presque illisible dans
la déclaration de Buiema.

» la fuite, ne doutant pas que cette arrestation
» ne fût l'effet d'une démarche auprès de quelque
» auteur du complot, et que mes jours ne fus-
» sent en danger par suite de ma révélation [1].
» Cette crainte et l'horreur que m'inspirait la
» proposition qui m'avait été faite, agirent si for-
» tement sur mon âme, que bientôt après je
» disparus de Paris, avec la ferme résolution de
» quitter à jamais le service du vicomte de La-
» mothe [2]. Mais pour mon malheur, j'y ren-
» trai le 18 décembre 1819. Le 22 de ce même
» mois, le vicomte de Lamothe, que ma dispa-
» rition parut avoir beaucoup inquiété, m'appela

---

[1] Dans l'intervalle du jour où je fus mis en liberté et de
jour où l'assassinat du prince fut consommé, Buiema ne
put me retrouver à Marly-le-Roi, parce que le bail de la
maison que j'occupais dans cet endroit expira pendant
que j'étais en prison, et qu'en sortant je fus passer trois
mois chez un ami, à Montreuil, et de là m'établir à Versailles. Témoins, les dates de mes lettres au duc de Maillé,
etc.

[2] Il ne serait pas plus difficile de prouver cette disparition que de prouver que Buiema était réellement le domestique du vicomte de Lamothe. Que le gouvernement
emploie les moyens convenables pour faire paraître Buiema,
et celui-ci indiquera lui-même cent personnes qui atteste-
ront cette double vérité.

» seul dans sa chambre , et me mettant deux
» pistolets à ma gorge , il me déclara que pour
» ensevelir le secret dont j'étais déjà dépositaire,
» il allait me brûler la cervelle , si je ne prenais
» pas l'engagement de poignarder le duc de Berry.
» Pour sauver mes propres jours , je fus réduit
» dans cette extrémité , à lui prêter cet horrible
» serment. C'est le soir de ce jour-là que je vis à
» l'hôtel Meurice, où demeuraient le vicomte de
» Lamothe , le comte Decazes , le duc de Maillé,
» le comte de Clermont-Lodève, le comte Fran-
» çois d'Escars, le général S..., le général comte
» Lion , et plusieurs autres personnes dont je
» n'ai jamais su les noms, réunis pour concer-
» ter l'exécution de leur complot [1]. Ils me dé-
» clarèrent que je ne serais pas seul , et qu'on
» avait à m'adjoindre un homme décidé qui frap-
» perait le premier; que nous ne risquions rien ,
» puisque le pouvoir était dans leurs mains , et
» ils me réitérèrent la promesse de 150,000 francs

---

[1] C'est immédiatement après cette réunion que circula
dans Paris le bruit des dangers qui menaçaient la vie du
duc de Berry, et que des avertissemens anonymes parvin-
rent à plusieurs personnes, notamment à M. le comte
Greffulh , pair de France, et à M. Leroi, chef d'escadron
de la gendarmerie de la Seine, voyez la note 1, pag. 16.

» pour ma part. Le 12 février 1820, jour où de-
» vait être immolé le prince, le vicomte de Lamo-
» the m'appela dans sa chambre, me remit un poi-
» gnard que je puis représenter, avec une bourse
» de 1,500 fr. en or [1], me fit de nouvelles promes-
» ses ; et me tint un langage propre à m'exalter.
» Je méditais le moyen de m'échapper de ses mains;
» je ne pus y réussir, et je me laissai entraîner
» dans une salle de l'hôtel Meurice, où Louvel se

---

[1] On trouva chez Louvel, c'est-à-dire chez un ouvrier que la procédure fit connaître comme un homme qui avait la manie de voyager toutes les fois qu'il avait quelques écus, et qui ne travaillait que lorsqu'il n'avait plus d'argent, une somme de 1500 francs, cela est constant. Le Drapeau Blanc du 24 février 1820, en annonçant ce fait, ajoutait : « *On est à se demander si cette somme est le produit des économies qu'il a pu faire sur un salaire de 70 francs par mois.* » La déclaration de Buiema auquel on prétendit faire jouer le même rôle, et qui, à cette même époque, reçut exactement la même somme de 1500 francs, explique cette énigme. Est-il étonnant que la sœur de Louvel qui dut être si surprise de voir son frère en possession de 1500 fr. la veille de l'assassinat, ait dit et répété dans sa douleur : Il existe des hommes qui sont plus coupables que lui et qui sont en liberté ; le temps apprendra que ce malheu-reux qui était incapable de faire souffrir un insecte, n'a été qu'un aveugle instrument de ces hommes qui l'ont fa-natisé.

» présenta devant moi, accompagné du comte
» Decazes et de plusieurs des complices dont j'ai
» déjà parlé; ils réglèrent la manière dont le coup
» devait être porté. Louvel, dont le caractère et
» le sang-froid inspiraient plus de confiance, devait
» frapper le premier, et moi, sous peine de voir
» le poignard contre ma poitrine, je fus réduit à
» leur prêter le serment que je porterais le second
» coup, si Louvel manquait le prince, quoique
» bien résolu de ne pas frapper. Le crime n'ayant
» pu être consommé ce jour-là, on se donna
» rendez-vous pour le lendemain. Le 13 février,
» le vicomte de Lamothe, qui s'était aperçu de
» mon peu de courage (mes traits étaient altérés
» par le défaut de sommeil et l'horreur de ma po-
» sition), chercha à m'animer par des liqueurs :
» il me munit d'un flacon de rhum. A neuf heures
» du soir je sortis de l'hôtel Meurice avec lui et
» le comte Decazes ; ils me firent entrer dans une
» voiture et me conduisirent dans une rue obscure
» où je trouvai Louvel. En me voyant, celui-ci
» me dit à voix basse : *Le jour de notre bonheur est*
» *arrivé.* Je restai quelques momens saisi ; mais
» Louvel me prit par le bras avec vigueur, et
» m'entraîna à la porte de l'Opéra où se trouvait
» la voiture du prince. Nous restâmes là près de
» deux heures. Tandis que Louvel, appuyé contre

» la roue d'un cabriolet[1], attendait sa victime,
» moi, dans le désordre de mes idées, et ne sa-

---

[1] Ce cabriolet homicide, dont le cocher dormait fort à propos, couché sur un coussin, était évidemment celui du comte de Clermont Lodève, et il se trouvait placé dans une rue où les règlemens de police défendaient à toute voiture, excepté celle des princes, de stationner. Cela résulte de la procédure écrite du procès de Louvel. Réquisitoire du procureur-général, vol. 1er, page 75, et déposition de M. de Clermont Lodève, vol. 2, page 224, où il déclare lui-même qu'il avait son cabriolet dans la rue, et qu'il s'en servit pour aller chercher l'évêque de Chartres. Il devait être bien profond le sommeil de ce jockey, puisqu'il dura depuis l'arrivée de la voiture jusqu'au coup fatal. Louvel en imposa à la justice, lorsque, pour éloigner toute idée de complicité, il dit, dans un interrogatoire postérieur aux inspirations de M Decazes, qu'en entendant donner *tout haut* l'ordre de ramener les voitures pour onze heures, il avait été faire un tour au Palais-Royal. Il ne bougea pas de la roue du cabriolet, depuis neuf heures jusqu'à l'événement. Comment Buiema, qui n'avait été entraîné là que par Louvel, qui n'y était retenu que par la crainte que cet assassin ne dénonçât sa fuite à ceux qui les avaient armés du poignard, aurait-il resté lui-même sans bouger du côté opposé de ce cabriolet; lui qui, tout en ayant dans la main un poignard, qu'il n'avait reçu que pour sauver ses propres jours, invoquait le ciel pour le salut du prince, qu'il avait inutilement cherché à assurer, par les révélations qu'il m'avait faites le 12 mars ?

» chant où j'avais la tête, j'offris un verre de rhum
» à un garde-royal qui se trouvait à la porte du
» corps-de-garde. Il ne se borna pas à le refuser,
» il cassa mon flacon, sans que j'eusse un mot à
» répliquer [1]. Dans mon horrible perplexité, n'o-
» sant ni prendre la fuite ni rester auprès de
» Louvel, je continuai à rester derrière la voiture
» jusqu'à ce que, après le coup fatal, j'entendis
» le prince crier : *Je suis assassiné !* Louvel se
» sauva d'un côté [2] et moi de l'autre ; je retournai

[1] Le garde royal Desbiez a déposé devant la cour des pairs,
que, le 13 février vers neuf heures et demie du soir, étant
dans la rue Rameau devant la porte du corps-de-garde, *un
étranger, bien mis, portant une redingote grise, fut lui offrir du
rum,* avec l'accent allemand ; qu'il le repoussa en lui disant
qu'il ne buvait pas avec un inconnu, que sur son instance,
il finit par le frapper avec son sabre dans le fourreau, et
lui casser son flacon ; que cet étranger s'éloigna sans dire
un mot ; qu'en rentrant au corps-de-garde il parla de cette
particularité à ses camarades, et ces derniers, Gilles Torres,
Pierre Giret, et Lefèvre caporal ont attesté qu'en effet Desbiez leur avait raconté, au corps-de-garde, avant l'événement, toutes les circonstances de ce fait. Procès de Louvel,
vol. 2, pages 194, 196, 197, 200, 201 et 202.

[2] Il est miraculeux que Louvel ait été arrêté, d'après
toutes les précautions que la police avait prises pour le faire
évader ; car, le 13 février, M. Decazes avait donné à M. Anglès l'ordre d'envoyer à 10 heures du soir tous les agens de

» de suite chez le vicomte de Lamothe, je le
» trouvai seul; je lui dis ce qui s'était passé; il
» me fit sortir de nouveau pour savoir si Louvel
» s'était échappé; je rentrai un instant après pour
» lui apprendre qu'il était arrêté. A cette nouvelle
» il s'écria : *Je suis perdu !*... Il me recommanda
» de ne parler à personne ; et il me fit promettre,
» par un nouveau serment, de ne jamais violer
» ce secret. Il me remit au même instant une
» lettre pour le comte Decazes, en m'ordonnant
» de la porter de suite et de ne la remettre *qu'à*
» *lui seul.* Ce ministre, qui était au moment de

---

police disponibles prendre la queue de la chambre des députés, sous prétexte de faire envahir les places destinées
au public pour la séance du lendemain, et au moment où
Louvel s'élança vers l'arcade Colbert, cinq individus *exac-*
tement habillés comme lui sortirent d'un café, où ils avaient
passé toute la soirée, et se disséminèrent en courant sur son
passage, évidemment dans le but de donner le change à
ceux qui le poursuivaient. Ce fait sera attesté par des témoins dignes de toute la confiance de la justice, et qu'on
se garda bien de faire appeler devant la cour des pairs d'a-
près l'énergie qu'ils avaient manifestée lors de cette arrestation. Louvel échappait à ceux qui le poursuivaient si le gendarme Lavigne, se trouvant sur son chemin, ne lui eût, d'un
coup de poing, enfoncé le chapeau sur ses yeux. On verra
plus tard de quelle manière ce gendarme a été récom-
pensé.

» sortir, se montra irrité de ma présence dans
» son hôtel. Il me déclara qu'il me ferait arrêter
» si je ne quittais pas Paris sur-le-champ. Je re-
» tournai en toute hâte chez le vicomte de La-
» mothe ; je trouvai son appartement désert.

 » L'absence de mon maître, à cette heure, me
» saisit de terreur. Après une attente inutile de
» plusieurs heures, je montai dans ma chambre;
» je ne fus pas plutôt sur mon lit, que je fus
» sonné. Je descends, je trouve le vicomte de La-
» mothe fondant en larmes. — *Nous sommes tous*
» *perdus*, me dit-il, si tu n'es fidèle aux sermens
» que tu m'as faits !.. — Là-dessus il me donna un
» certificat signé de lui, du comte Decazes, et du
» duc de Maillé, et une lettre de recommanda-
» tion pour le comte de Lion, général, comman-
» dant Châlons-sur-Marne, et le 14 à six heures
» du matin, je partis de Paris, déguisé en femme,
» pour me rendre à Châlons. En arrivant à Clayes,
» je fus arrêté par quatre gendarmes, qui me
» conduisirent devant un magistrat que je pris
» pour un procureur du roi. Il m'interrogea, vit
» aussitôt que je n'étais pas une femme, et or-
» donna aux gendarmes de me fouiller. J'avais si
» bien caché mes papiers qu'on ne put les trou-
» ver. On me soupçonna d'être complice de Lou-
» vel, et je fus conduit en prison. La nuit sui-

» vante , après avoir plusieurs fois exposé ma vie,
» je parvins à m'évader. Je me hâtai de gagner la
» route de Meaux, sur laquelle je trouvai une
» voiture d'occasion pour me rendre à Châlons.
» En arrivant dans cette ville, je fus reçu par le
» comte Lion avec des témoignages d'une ami-
» tié peu commune[1]; je restai quelque temps
» chez lui, et je n'en sortis que lorsque j'eus reçu
» l'ordre de me rendre chez le vicomte de La-
» mothe à Lyon[2]; à mon arrivée chez ce dernier,
» il m'interrogea avec empressement sur toutes
» les circonstances de mon évasion, je lui ra-
» contai ce qui m'était arrivé. Ce fut alors qu'il
» me remit la lettre du duc de Maillé , par la-

---

[1] Le comte de Lion qui venait d'être nommé au com-
mandement de la 2ᵉ division militaire, et qui avait quitté
Paris peu de jours avant l'assassinat, était arrivé à Châlons
le 3 février. Drapeau Blanc du 16 février 1820.

[2] A l'époque de l'assassinat, M. le vicomte de Lamothe
était simplement colonel. Bientôt après, recevant la récom-
pense de son dévouement à M. Decazes et à ses adhérens, il
devint maréchal-de-camp, lieutenant-général commandant
à Lyon, et gentilhomme honoraire de la chambre du Roi.
Jusque-là on n'avait pas vu d'exemple d'un avancement si
rapide. Ce fut après que son rang de maréchal-de-camp
commandant Lyon eut fait cesser son anxiété, qu'il fit rentrer à son service Buiema qu'on était si intéressé à ne pas
perdre de vue.

» quelle il me recommandait de garder le secret
» sur ce qui s'était passé, le 22 décembre 1819,
» entre lui, le comte Decazes, le vicomte de La
» mothe, le comte de Clermont Lodève, le comte
» François d'Escars, etc., en me promettant des
» témoignages de sa reconnaissance, et une autre
» du comte Lion, qui, en substance, me disait
» la même chose. Je continuai à rester au service
» du vicomté de Lamothe; mais quelque temps
» après, je fus soupçonné, à Lyon, d'être com-
» plice de Louvel; [1] alors je quittai cette ville
» pour me rendre dans ma famille. Je traversai
» rapidement la France. Arrivé à Lille, je fus
» arrêté comme prévenu d'avoir déserté le 52e

---

[1] Où donc avez-vous si bien appris à faire la cuisine, demandait une dame considérable de Paris, à un domestique
qu'elle avait eu plusieurs années auparavant et qui venait
de rentrer à son service? — Madame, c'est chez M. le vicomte de Lamothe à Lyon. — Vous n'étiez donc pas bien
chez M. de Lamothe, puisque vous l'avez quitté? — Madame, je m'y serais trouvé parfaitement, mais ses singula-
rités m'ont dégoûté de son service : figurez-vous que, tous
les soirs, lorsque j'avais fini mon travail, *il me donnait de
l'argent et m'obligeait d'aller courir les cafés et les cabarets
pour écouter si on parlait de lui, et si on l'accusait d'être complice de l'assassinat du duc de Berry*. Cette anecdote a eu lieu
en présence de plusieurs témoins recommandables dont je
suis prêt à indiquer les noms.

» régiment de ligne ; les renseignemens obtenus
» ayant prouvé, que je n'étais inscrit sous aucun
» numéro de ce corps, je fus remis dans les mains
» du civil. Huit jours après , je fus conduit devant
» M. le marquis de Jumillac, général, comman-
» dant la division. Il m'adressa plusieurs questions
» sur les personnages que j'avais eu le malheur
» de connaître. Il me demanda notamment si je
» ne sortais pas du service du vicomte de La-
» mothe. La crainte d'une longue détention, le
» souvenir du serment que j'avais prêté, me firent
» répondre négativement ; mais ce général ne
» m'en crut pas, et d'un air bien significatif, il me
» dit que *je n'ignorais pas quels étaient les assassins*
» *du duc de Berry*. Il ordonna qu'on me mît dans
» un cachot, les fers aux pieds ; et toutefois, dans
» cette affreuse position, je parvins à écrire au
» général Delcombre, qui était mon cousin, et
» par l'effet de cette lettre, [1] je fus délivré de ma
» captivité, sur l'ordre du marquis de Jumillac,
» qui me fit donner une feuille de route pour
» me rendre à . . . . ., où restait M. Del-

---

[1] Par sa déclaration écrite, Buiema ne parle que de la lettre du général Delcombre ; mais verbalement il m'avait affirmé qu'une lettre du duc de Maillé avait puissamment contribué à lui faire rendre sa liberté.

» combre. Là, je trouvai M. C........ ancien capi-
» taine, adjudant - major du 53e régiment de
» ligne, qui s'empara de toute ma confiance. Je
» l'établis dépositaire de mon portefeuille, qui
» renfermait mon passeport; le certificat signé
» par le comte Decazes, le duc de Maillé et
» le vicomte de Lamothe; une lettre de ce
» dernier, datée du 26 août 1823; la lettre
» du duc de Maillé, du 19 octobre 1820, et
» celle du comte Lion, du 19 septembre de
» la même année, pièces dont j'ai déjà parlé[1].
» M. C........ ayant voulu se décharger de cette res-

---

[1] Où sont ces pièces importantes? Buiema en affirme
l'existence en les faisant connaître par leurs dates et leur
contenu; en désignant les personnes qui les ont vues et qui
en ont été établies dépositaires. Avant de quitter la Conciergerie, il me donna une procuration formelle pour les réclamer, pour les recevoir et en donner décharge. C'est en
vain qu'en vertu de ce mandat j'ai écrit et fait écrire dix
fois à M. P......., dernier dépositaire, pour les réclamer;
je n'en ai jamais pu obtenir une réponse quelconque. C'est
en vain que, plus tard, une sommation de remettre ces
pièces lui a été faite par le ministère d'un huissier : il a
gardé le même silence. Il en est donc toujours dépositaire,
ou il a abusé à son profit de ce dépôt; car, sans cela, il n'aurait pas craint d'écrire pour répondre qu'il ne les avait
point.

En tout événement, on dira peut-être que je suis bien

» ponsabilité, en fit accepter le dépôt à un négo-
» ciant libraire de L... nommé P... investi de sa
» confiance. De là je me rendis dans ma famille,
» où j'ai en vain cherché à recouvrer ma santé dé-
» labrée par les tourmens que j'eus à souffrir, et
» plus encore par l'horreur de l'assassinat du
» prince qui m'a toujours poursuivi, en représen-
» tant sans cesse à mon esprit les atroces apprêts
» de ce crime. Je ne voyais que des poignards,
» que des assassins; l'impression qui m'en est restée
» est telle que j'en suis devenu épileptique. Dans
» mes attaques, on en a eu plusieurs fois la preuve

---

téméraire de publier des faits si graves, en l'absence de
ces pièces importantes. A cela je réponds, que ce n'est pas
à moi que la loi impose le devoir de rechercher les crimes,
d'en rassembler les preuves. En faisant connaître ce que je
sais, je remplis le devoir d'un bon citoyen, d'un bon roya-
liste, et ce que je dis est assez fort pour commander la conviction, et pour mettre les magistrats sur la trace qui doit
infailliblement amener à la découverte des coupables de ce
grand crime. Si donc la justice reste inactive en apprenant
les faits que je mets au jour, il faudra en induire qu'il suffit
d'être riche et puissant en France, pour commettre impu-
nément les plus grands forfaits, et pour se soustraire à l'empire des lois. J'indiquerai, lorsqu'il en sera temps, les
noms et la demeure de ces dépositaires, que la prévoyance
me commande de ne désigner aujourd'hui que par des lettres initiales.

» à la Conciergerie, je parle hautement des cir-
» constances de ce crime, j'en nomme tous les
» auteurs (1). Pendant le séjour que j'ai fait dans
» mon pays, ma mère a deux fois reçu de l'argent
» du duc de Maillé, avec deux lettres que nous
» conservons. Il paraît que les malheureux qui
» m'avaient armé du poignard ont su la maladie
» dont j'étais atteint, et les inconvéniens qu'elle
» avait pour eux, car au moment où je songeais
» à revenir en France, j'ai été arrêté et extrait
» violemment de mon pays; à présent que le sou-
» venir de leur crime s'est affaibli par le temps, ils
» voulaient sans doute m'avoir sous leur main,
» ou plutôt me faire périr en route. Mais le trou-
» ble de mon esprit a trompé leur plan, et mon
» arrestation a eu un effet contraire à celui qu'ils
» en attendaient; car, arrivé à Valenciennes, je de-
» mandai à parler au procurer du roi, qui se
» nommait Lasserre, et tout en lui cachant mon
» véritable nom, à cause de ma famille, je lui fis
» une révélation complète de l'existence de ce com-
» plot et des circonstances qui avaient accompagné
» son exécution (2). Je fus immédiatement écroué

---

¹ Le directeur, le greffier et le surveillant de la Concier-
gerie, etc., peuvent attester ce fait.

Cette révélation, faite au procureur du roi de Valen-

» à Valenciennes, comme complice de Louvel,
» et je restai dans cette prison, jusqu'à ce que le
» garde des sceaux, à qui le procureur du roi
» Lasserre transmit un double de ma déclaration,
» eût fait parvenir ses ordres. Alors, et le mois
» d'avril dernier (1826), je fus transféré de bri-
» gades en brigades à Paris et écroué à mon arri-
» vée dans la Conciergerie, comme prévenu de
» cette complicité. Mais je comprends que la
» main toute-puissante des scélérats qui me joi-
» gnirent à Louvel, qui voulurent m'associer à
» son crime, en me distribuant mon rôle, paralyse
» cette instruction ; car on ne m'adresse de ques-
» tions à cet égard qu'avec un ton et des expres-
» sions qui me défendent de répondre ; et on est
» tellement disposé à abandonner ce chef de pré-
» vention, qui est pourtant le seul pour lequel je
» suis retenu, que, pour faire diversion, on m'a
» d'abord accusé d'avoir tué mon père, puis d'a-
» voir tué un capitaine de frégate, et j'ignore
» à quoi on s'attachera en définitive pour me juger.
» Mais j'ai le pressentiment que je ne serai pas
» rendu à la liberté, et que c'est en vain que j'ai
» pris les faux noms, d'abord de *Michel Brunck* et

---

oiennes, doit se trouver dans le dossier Brunck ou Brinck,
au parquet de M. le procureur du roi à Paris,

» puis de *Jean Brincks* sous lesquels je suis détenu ;
» que dans la position où je me suis mis par cette
» révélation, je dois m'attendre à bien des choses
» dès qu'on ne veut pas mettre en accusation les
» coupables que j'ai signalés. » Tel fut en substance le langage que me tint *Jean Louis Buïema*, dans la prison de la Conciergerie. [1]

En écoutant cet épouvantable récit qui me fut fait avec un accent de vérité qui commandait la persuasion, je crus pouvoir m'expliquer pourquoi le comte de Clermont Lodève refusa de m'entendre, lorsque, le 12 mars 1819, je lui dénonçai l'existence du complot, en lui demandant un rendez-vous pour lui expliquer le reste ; pourquoi un mandat d'arrêt, pour être exécuté immédiatement après contre moi, fut signé précisément le lendemain du jour où ma lettre lui était parvenue ; pourquoi le duc de Maillé, à qui j'en avais clairement fait connaître l'objet, s'obstina à ne pas recevoir mes révélations, et à me refuser son appui lorsque je demandais la garde de Louvel en promettant l'aveu de ses complices ; pourquoi le comte d'Escars reçut avec tant d'in-

---

[1] Ces détails seraient plus circonstanciés, si j'avais pu l'interroger plus librement ; mais il ne pouvait me parler que furtivement, et il fallut reprendre plusieurs jours ce récit souvent interrompu.

différence et de faiblesse les avertissemens que je lui donnai au château des Tuileries. Je crus pouvoir m'expliquer pourquoi le cabriolet de M. de Clermont Lodève, gardé par un jockey qui dormait sur le coussin, et resté malgré les agens de surveillance dans une rue où il était défendu aux voitures de stationner, se trouva si commodément placé pour appuyer Louvel, attendant sa victime [1]; pourquoi au lieu de courir pour aller chercher le prêtre que le prince mourant réclamait avec tant de sollicitude, ce seigneur se précipita vers Louvel, qui venait d'être arrêté, pour le faire conduire au corps-de-garde, assister à sa fouille, et s'emparer des effets trouvés sur lui [2], pour courir ensuite à la loge du roi où il

---

[1] Procès de Louvel, vol. 1er, pages 74 et 75, et vol. 2, page 214.

[2] En quoi consistaient ces objets ? M. de Clermont Lodève ne parle que d'un poignard et de deux gaînes ; mais le gendarme Lavigne, qui fouilla Louvel, par les mains duquel passèrent tous ces objets, a affirmé devant la cour des pairs, avec un ton de fermeté qui ne se démentit point en présence de ceux qui le contredisaient, non-seulement qu'il avait retiré de la poche de l'assassin sept ou huit petits papiers qui furent *remis*, avec le reste, sur la tablette du corps-de-garde, d'où ils disparurent *au même instant*, mais encore qu'il en avait déclaré l'existence au commissaire de

se trouva seul avant de les remettre au comte de Mesnard ; pourquoi le comte Decazes, arrachant

---

police Garnier, et *que ce dernier refusa d'en faire mention dans son procès-verbal, en disant que cela était inutile.* Ce qui prouve que Lavigne, seul, disait la vérité, c'est que Louvel convint de ce fait, en ajoutant seulement qu'ils étaient destinés à certain usage. Pourquoi ne fut-il question de ces papiers qu'aux derniers momens ? parce qu'on écarta soigneusement de la procédure faite par la commission des pairs, non-seulement Lavigne, qui en avait déjà parlé dans le principe au commissaire de police Garnier, mais encore Paulmier, Racary, Desbiez et Gilbert-Torres, qui avaient *vu et touché* ces papiers comme lui. Le lendemain de l'assassinat, le gendarme Lavigne fut rendre compte de sa conduite à M. Latour, son capitaine, ne doutant pas qu'il n'en reçût des témoignages de satisfaction. Que fit ce capitaine Latour, en apprenant qu'il avait devant lui ce même Lavigne, *qui avait arrêté Louvel, qui lui avait si fortement serré les poucettes ?* il l'insulta grossièrement, il se précipita sur lui avec fureur, en lui disant qu'il allait le jeter par la fenêtre, et Lavigne ne s'enfuit sans être frappé, que parce que M. Desgrenier, lieutenant de la première compagnie, s'interposa pour arrêter le capitaine. Lavigne pressentit si bien ce que cela voulait dire, qu'en rentrant chez lui, il dit à sa femme : *Je me suis perdu en arrêtant Louvel.* Il disait vrai, car, immédiatement après, il fut consigné, puis trois fois changé de caserne, puis expulsé de Paris, par une ordonnance ministérielle, puis enfin sans pain. Mais en revanche, le capitaine Latour passa de suite après chef d'esca-

Louvel des mains de la magistrature, et non content d'avoir procédé *lui-même à son interroga-*

---

dron; le commissaire de police Garnier cumula trois places incompatibles; et ses camarades Paulmier, Racary. Desbiez et Gilles-Torres, furent pensionnés et presque tous décorés.

Pourquoi Lavigne, qui avait douze ans de service actif, qui depuis six ans était dans la gendarmerie, sans y avoir essuyé une seule fois la plus légère des punitions, qui était porté pour la croix d'honneur et pour un avancement par le colonel Christophe, n'a-t-il pas participé à ces récompenses ? c'est parce qu'il avait arrêté Louvel, qui, sans lui, s'échappait ; c'est qu'en lui serrant fortement les poucettes, il le mit dans l'impossibilité de fuir de nouveau ; c'est parce qu'il osa parler, devant la chambre des pairs, des papiers trouvés sur l'assassin. Cependant telle était l'impression que lui avaient faite les mauvais traitemens qu'il avait reçus, et la détermination que ses camarades, plus timides ou plus prudens que lui, venaient de lui faire connaître chez un marchand de vin, *de ne point parler de ces papiers,* qu'il entra lui-même dans la cour des pairs, avec la résolution de n'en pas dire un mot. La voix de sa conscience et les interpellations lui arrachèrent cette déclaration. Veut-on avoir une preuve de plus de cette vérité ? Le malheureux Lavigne, ayant reçu l'ordre de quitter Paris, fut trouver le colonel Tassin, qui venait de remplacer M. Christophe, pour lui demander la cause de cette disgrâce. Ce nouveau colonel n'eut pas plutôt entendu le nom de *Lavigne,* qu'il le mit à la porte, en lui disant ironiquement : *Allez, allez déclarer vos papiers !...*

toire à l'Opéra, en commençant par lui parler à l'o-reille [1], le fit conduire dans la voiture du préfet

---

[1] En sortant de la loge du roi, où il avait été *seul* avec tous les objets trouvés sur Louvel, (procès de Louvel, vol. 2, page 223) M. le comte de Clermont Lodève remit seulement le poignard et les deux gaines à M. le comte de Mesnard, en présence de M. Decazes, qui, à l'aide de M. Anglès, son greffier, allait procéder à l'interrogatoire. Ce fut dans ce moment que le ministre s'approcha de Louvel, et lui parla à l'oreille. Il le fit si doucement que les gendarmes, qui étaient tout près de lui, ne purent l'entendre. Mais ils entendirent la réponse de l'assassin qui se hâta de satisfaire à la demande de M. Decazes, en proférant, d'un air d'intelligence, ces mots : *Non, non, non.* Ce n'est pas là la seule question que ce ministre adressa à Louvel, *en lui parlant à l'oreille* : des témoignages vivans, que j'ai consultés, et dont le Drapeau Blanc du 22 février, qui annonçait ce fait, fut l'organe, m'ont appris qu'après *lui avoir fait desserrer les poucettes et lui avoir fait servir un verre d'eau*, M. Decazes lui avait encore parlé à l'oreille, et que, répondant à une nouvelle question, Louvel avait encore proféré ces mots : *Oui, oui, oui.* Bien plus, et ceci a été proclamé, comme un fait constant, par le Drapeau Blanc du 19 février, M. Decazes voulut établir dans son procès-verbal *qu'une animosité personnelle avait armé le bras de l'assassin*, mais qu'il ne put y réussir, parce que Louvel, n'ayant pas compris le but important de cette question inspiratrice, le déconcerta par une réponse qu'il était loin d'attendre.

de police [1] dans son hôtel où il le garda dix-sept heures; pourquoi en sortant des mains de ce mi-

---

Ce qui prouve à la fois la complicité du crime de Louvel, et la connaissance de ce dernier avec M. Decazes, c'est ce fait remarquable, déjà publié par Robert, et dont la preuve complète sera acquise aussitôt qu'on la voudra. Quelques jours avant l'assassinat, Louvel ayant été suspecté par son assiduité à se trouver sur le passage qui conduit à la loge du roi au Théâtre-Français, fut arrêté par M. Rivoire, officier de paix, et ses agens. Comme au moment de son arrestation du 13 février, Louvel, qui se nomma ainsi, avait sur lui un carrelet assez fort pour remplir l'office de poignard. Avant que M. Decazes eût pu connaître cette arrestation par ses agens, il fit appeler M. Rivoire dans son cabinet, le réprimanda fortement d'avoir ainsi arrêté un employé de la maison du roi, (le garçon sellier !) et lui enjoignit de mettre sur-le-champ Louvel en liberté avec son carrelet, *qui n'était qu'un outil de son métier.* C'est cependant ce même outil qu'il avait sur lui, lorsque, le 13 février, il fut arrêté dans la rue Rameau.

Ce fut après le premier interrogatoire, que M. Anglès, *sur l'ordre de M. Decazes,* fit entrer Louvel dans sa voiture, et le conduisit, malgré les représentations énergiques du baron Laisné, lieutenant-colonel de la gendarmerie de Paris, dans l'hôtel du ministre, où il put être endoctriné pendant dix-sept heures.

[1] Ce fait est attesté dans le Procès de Louvel (vol. 1, p. 58) par la déposition de M. Anglès, lui-même; mais elle ne nous apprend pas que M. le baron Laisné, lieutenant co-

nistre, Louvel joua un rôle stoïque, tandis qu'avant il s'était montré si faible, se trouvant mal,

---

lonel de la gendarmerie, représenta avec énergie à ce préfet que l'interrogatoire de Louvel étant terminé, sa place était à la Conciergerie et non à l'hôtel du ministre. Elle ne nous apprend pas non plus que ce loyal serviteur des Bourbons, n'ayant pu obtenir la remise de l'assassin pour le conduire *à sa place*, finit par déclarer à M. Anglès *que si on faisait le moindre mouvement pour enlever Louvel, il le tuerait dans sa voiture, à côté de lui,* et qu'en l'escortant il fut obligé de sommer M. le Préfet de faire ralentir le pas de ses chevaux. C'est pourtant exactement vrai. Arrivé au ministère, le baron Laisné plaça deux gendarmes dans la salle où Louvel fut déposé. M. Anglès voulut les faire retirer; M. Laisné leur ordonna de rester. Quand ce dernier fut sorti, M. Anglès fit retirer ces gendarmes et laissa Louvel seul avec *l'officier de paix Joly,* homme de confiance de M. Decazes, et inspecteur attaché à son service. Louvel resta au ministère, sous la main de M. Decazes, depuis quatre heures du matin jusqu'à neuf heures du soir..... et il y aurait probablement resté plus long-temps, si M. Laisné, faisant sa tournée, n'eût pas fait éclater son indignation de le retrouver là. Il a lieu de se souvenir de cette conduite énergique, ce brave militaire, ce zélé serviteur des Bourbons qui était particulièrement honoré de la bienveillance de S. A. R. le duc de Berry, et qui au 20 mars avait fait preuve d'une héroïque fidélité, car il a été destitué de son rang de lieutenant-colonel de la gendarmerie, et réduit au modique traitement de réforme de mille francs, c'est-à-dire

en disant : *Tuez-moi avant que le prince ne meure*[1] ; je crus enfin pouvoir m'expliquer pourquoi le duc de Maillé, qui était membre de la chambre des pairs , oublia la correspondance que j'avais eue avec lui ; pourquoi le comte d'Escars qui était aussi pair de France , perdit le souvenir de la scène des Tuileries ; pourquoi le comte de Clermont-Lodève qui fut entendu comme témoin , faussa la religion de son serment de *dire toute la vérité* , en passant mon nom sous silence , en ne disant pas un mot de révélations écrites que je lui avais faites.

à la moitié de la retraite à laquelle son rang lui aurait donné droit. Il est couvert de blessures et père de cinq enfans. Bien plus, cinq jours après sa réforme, il fut arrêté par ordre du préfet de police Anglès, et traduit à la prison de l'Abbaye pour avoir usé de son droit de porter l'uniforme de la gendarmerie. M. Anglès ne s'était pas borné à cette vengeance arbitraire, il avait encore donné l'ordre de le transférer de brigade en brigade *jusqu'à Nantes*. Des amis indignés déployèrent tout leur crédit pour le faire nommer héraut-d'armes *honoraire*, pour déjouer les mesures violentes du préfet de police qui voulait l'expulser de Paris.

[1] Desbiez (Procès de Louvel, vol. 2, page 195), dépose qu'avant d'être conduit à l'Opéra, Louvel se trouvait mal de temps en temps ; et que revenu à lui il demandait qu'on le fît mourir avant que le prince ne mourût.

C'est pendant que ma pensée s'abîmait dans le labyrinthe d'horreurs qui m'expliquaient la cause de ma détention , que je fus mis en jugement. Couvert de blessures et de décorations , je fus réduit à m'asseoir sur le banc de la cour d'assises , et à me défendre contre un monstrueux assemblage de crimes imaginés pour me perdre. D'une main maladroite , on avait grossièrement contrefait tous les titres que j'avais remis au ministère : mes états de services , les brevets de mes décorations, tout, jusqu'à mon acte de naissance, m'avait été frauduleusement soustrait pour être remplacé par des pièces matériellement fausses qui m'étaient attribuées.

La justice sut se reconnaître dans ce dédale de crimes et de diffamations. Elle comprit qu'une main puissante pesait sur moi et cherchait à m'écraser , et par arrêt du 26 novembre 1826 , la cour d'assises de la Seine m'acquitta de toutes ces accusations de faux. Sur la plaidoirie de M. Berryer fils , je fus également renvoyé de la prévention de port illégal de mes cinq décorations étrangères, parce qu'il fut constant dans la procédure que sur la remise de mes brevets, j'avais obtenu du grand chancelier de la Légion-d'honneur, l'autorisation de porter tous ces ordres, et que cette autorisation que j'avais eu l'imprudence de livrer, par l'effet d'un piége, m'était frauduleusement retenue.

Mais le jury ne sut pas comprendre, que si les ennemis puissans qui me poursuivaient en cherchant à tromper la justice, avaient été capables de m'attribuer faussement des crimes qui devaient tous entraîner une peine infamante, ils l'avaient été, à plus forte raison, de m'attribuer faussement un délit qui ne devait donner lieu qu'à un simple emprisonnement, le jury ne sut pas comprendre que si ces persécuteurs avaient été capables de me retenir frauduleusement l'autorisation de la chancellerie pour mes ordres étrangers, ils l'avaient été par la même raison de me retenir mon brevet, pour la croix de Saint-Louis, que j'affirmais avoir déposé au ministère de la guerre *pour l'échanger en exécution d'une ordonnance royale*, et parce que le jury ne sut pas comprendre une chose aussi simple dans une accusation contre laquelle il devait être si prévenu, puisqu'il voyait dans la procédure un grand nombre de faux dont il me proclamait innocent : je fus déclaré coupable d'avoir porté la croix de Saint-Louis sans titre, et comme tel condamné à six mois de prison!... Qu'on fasse bien attention à ce raisonnement, il suffit pour démontrer l'erreur des jurés.

En 1793 je suis entré, à l'âge de treize ans, dans l'armée du prince de Condé comme chasseur noble, ce qui me donnait le rang d'officier (11). Je ne passai ensuite au service des puissances étrangères, qu'avec l'autorisation formelle de nos princes (12). Depuis, j'ai été toujours en activité jusqu'à la restauration, époque où je rentrai en France avec le grade de colonel des hussards de Grodno (13). Mes services, ainsi que cela s'est pratiqué envers les autres émigrés, en exécution de la parole de nos princes, doivent donc m'être comptés, comme si j'avais servi, en France, le roi sur son trône (14).

Pour avoir droit à la croix de Saint-Louis, il faut vingt-cinq ans de service, hé bien, à la restauration, j'avais avec dix-huit blessures graves, vingt-trois ans de campagnes doubles, ce qui, joint aux dix années de grâce accordées sous ce rapport aux émigrés, me faisait cinquante-six ans de service. Pour obtenir la croix de Saint-Louis, je n'avais donc qu'à la demander. Pourquoi ne l'ai-je pas demandée? par la raison bien simple qu'elle m'avait été conférée le 3 avril 1803, par le prince de Condé, mandataire du roi, et que je n'avais pas à demander une chose que j'avais légalement acquise et dont je jouissais depuis onze ans. Si avant cette époque je n'avais pas été réellement investi de ce droit, mon inaction à notre rentrée eût été une absurdité; je serais resté dans un état de contravention gratuitement et pour le plaisir de m'exposer à être honteusement traîné devant les tribunaux.

Mais, en 1803, le prince de Condé ne put me donner qu'un simple ruban, avec une déclaration attestant mon droit de le porter (15). C'étaient là les brevets des jours de malheur. Une ordonnance royale, rendue dans l'intérêt des émigrés qui avaient été faits chevaliers pendant la révolution, m'imposait le devoir de déposer mon brevet pour l'échanger contre un titre plus régulier. Hé bien, je le remplis ce devoir; et immédiatement après la scène de Sceaux où je mis à la porte l'envoyé de M. Decazes, chargé de me proposer une bassesse, il me fut enlevé aux bureaux de la guerre.

J'aurais pu remplacer ce titre en produisant deux attestations que le duc de la Châtre, *présent à ma réception de chevalier de l'ordre de Saint-Louis* et depuis premier gentilhomme de la chambre du roi, m'avait données (12 et 14). Mais dans un moment où j'espérais d'obtenir enfin justice, j'avais eu le malheur de les envoyer aux bureaux de la guerre à l'appui de ma demande, et je fus encore privé de ces pièces pour ma défense.

Cependant, comme M. Couture, avocat, n'a-

vait livré ces attestations que sur un reçu qui s'é-
tait égaré, on n'osa pas les retenir jusqu'au bout,
et, sur les instances réitérées, *pendant six semaines,*
par M. Lebloud, juge d'instruction, elles furent
enfin envoyées du ministère. Elles figuraient dans
le dossier de l'accusation. Mon conseil, qui n'eut
que quelques heures pour préparer ma défense,
ne put les apercevoir, et l'avocat général qui les
avait sous les yeux, *n'en dit pas un mot;* de sorte
que je ne pus les invoquer que verbalement.

Ainsi, j'ai été condamné à six mois de prison[1],
parce que je n'ai pu représenter le brevet de 1803
*qui m'était frauduleusement soustrait par ceux qui
m'avaient jeté dans les mains de la justice,* et parce
que je n'ai pas su assez tôt que les attestations du
duc de La Châtre, qui l'auraient remplacé aux
yeux des jurés, se trouvaient dans le dossier du
ministère public, muet à cet égard; et me voilà à
Sainte-Pélagie, expiant par une détention de dix
mois, y compris le temps de l'instruction, le crime

---

[1] Lorsqu'il fut question de la composition du jury, M. le
président m'observa que j'avais le droit de récuser douze
jurés. Je me hâtai de lui répondre que je ne récusais personne. M. l'avocat général Bayeux, plus attentif à user de
ce droit, en récusa onze, dont la plupart des noms étaient
précédés d'une particule. Il résulte de là que j'eus au nombre de mes juges plusieurs employés de divers ministères.

d'avoir porté une décoration que j'avais acquise au prix de mon sang, et que j'avais reçue d'un prince du sang royal qui avait le droit de me la conférer!!!...

C'est en vain que, avant de quitter la Conciergerie, je voulus obtenir de Buiema la déclaration écrite des révélations verbales qu'il m'avait faites confidentiellement : il continua à me la refuser, en me disant : « *Je vous ai rendu assez malheureux, j'achèverais de vous perdre ; nos ennemis sont si puissans qu'ils gouvernent les ministres, puisqu'on n'a pas voulu donner suite à celle que j'ai faite au procureur du roi de Valenciennes.* » Il fallut me contenter de l'écrit qui atteste tous les détails des avertissemens qu'il m'avait donnés le 12 mars 1849, à Marly-le-Roi.

Cette déclaration n'étant plus confidentielle, et prévoyant le sort que pourrait avoir Buiema, je crus remplir un devoir impérieux en écrivant, le 15 décembre 1826, à M. Delavau, préfet de police, pour lui dire que j'avais à lui communiquer un secret de la plus haute importance, et pour le prier de m'envoyer le plutôt possible un fonctionnaire digne de sa confiance pour recevoir cette révélation.

Le 20 décembre 1826, M. Martinet, commissaire de police du quartier du Jardin des Plantes, se rendit auprès de moi, et, justifiant de son mandat, en me représentant la lettre que j'avais écrite le 15 à M. le préfet de police, il me dit qu'il venait de la part de ce magistrat pour recevoir la déclaration que je lui avais annoncée ; je la lui fis aussitôt, et je lui remis à l'appui un double original de celle de Buiema, sous le nom de Brinck ; une lettre de ce dernier, adressée au capitaine adjudant-major C......., pour réclamer le portefeuille qu'il lui avait confié, et une copie de ma correspondance avec le duc de Maillé et le comte de Clermont-Lodève. Toutes ces pièces paraphées par moi, se trouvent mentionnées dans le procès-verbal qui fut dressé.

M. Martinet m'avait à peine quitté, que je vis arriver en toute hâte M. Brunot, employé du cabinet particulier du préfet de police, qui, en conséquence d'une seconde lettre que j'avais écrite à M. Delavau, le matin de ce même jour, et où je m'expliquais clairement sur l'objet de la première (15), venait pour recevoir cette même déclaration. Il parut stupéfait en apprenant que je l'avais déjà faite au commissaire de police ; et il me quitta sur-le-champ pour aller trouver ce dernier, et le pouvoir de ceux qu'atteignait cette révélation l'a condamné à rester silencieusement au fond des cartons de la police.

Cependant, l'éclat donné à cette affaire, à l'audience de la cour d'assises du 29 décembre 1826, par un incident arrivé dans l'affaire de Sévigni[1], (16), remplit de terreur le malheureux Buiema, qui déjà intimidé par plusieurs interrogatoires, croyait qu'il allait être pour toujours

---

[1] La lecture de la lettre que Sévigni m'écrivit le 31 décembre 1826, et que je rapporte au nombre des pièces justificatives sous le n° 16, est nécessaire pour l'intelligence de ce passage. Elle apprendra ce qui se passa à l'audience de la cour d'assisse du 29 décembre. Cette scène, qui donna lieu à un nouvel interrogatoire de Buiema, semble être amenée par une circonstance fortuite; mais tout porte à croire que Sévigni, qui avait été témoin de la déclaration de Buiema, et à qui ce dernier en avait donné à garder un double resté dans ses mains pour sa sûreté personnelle, avait combiné cet incident, espérant que cet état mettrait le gouvernement dans la nécessité d'instruire une affaire si grave, et qu'il serait retenu à Paris comme témoin des faits qui se trouvaient à sa connaissance. Par l'effet de cet artifice qui indigna Buiema, et dont Sévigni voulut en vain se justifier envers moi par sa lettre, la cour eut sous les yeux, non-seulement un double original de cette déclaration, mais encore la copie de ma correspondance avec le duc de Maillé et le comte de Clermont Lodève. On ordonna le dépôt de ces pièces au greffe, et ce fut sur cela que Buiema subit le lendemain le nouvel interrogatoire qui lui inspira tant de craintes (16).

jeté au fond de quelque terrible prison [1]. Dans cette perplexité, il ne vit de salut que dans la publicité de sa position, et comme personne ne pouvait la faire connaître que moi, qui étais intéressé, pour venger mon honneur, à publier la cause des humiliantes persécutions dont j'étais victime, que moi, qu'il connaissait assez dévoué au Roi, pour signaler, au risque de ma vie, les véritables assassins de son auguste fils, il se décida à m'adresser, par plusieurs lettres (17), la révélation de tout ce qu'il m'avait verbalement déclaré à la Conciergerie; à me délier de tout serment, et à autoriser toutes les démarches que je voudrais faire auprès du gouvernement, pour appeler les vengeances des lois sur ceux dont l'horrible politique se fit un jeu de verser le sang de nos Rois.

Quel fut le résultat de mes démarches auprès de M. Delavau? Deux jours après ma déclaration au commissaire de police, tous les égards qu'on

[1] Il m'écrivait qu'après avoir été soupçonné d'avoir tué son père, on lui avait dit, dans l'un de ces interrogatoires, qu'il était réclamé par les autorités de son pays, pour avoir tué un capitaine de frégate, et qu'on allait l'y faire conduire de brigade en brigade. Il craignait, disait-il, qu'on ne le fît périr en route, ou qu'on ne le conduisît dans une prison secrète. Il parlait notamment de celle du mont Saint-Michel.

avait eus constamment pour moi, dans la prison, furent remplacés par des vexations inouïes : on alla jusqu'à placer dans ma cellule un voleur condamné. Chose d'autant plus remarquable, qu'il y avait des chambres vacantes, et que, jusque-là, on n'avait jamais confondu aucun détenu du corridor Saint-Louis avec des malfaiteurs.

Alors, partageant les craintes de Buiema sur le sort qui pouvait attendre ce malheureux, je pris le parti de dénoncer les dangers de sa position à M. le baron de Faget, ambassadeur du roi des Pays-Bas (18).

En réponse à la seconde lettre que je lui avais adressée, cet ambassadeur, qui déjà avait fait des démarches pour connaître les causes de l'arrestation de Buiema, m'écrivit pour me dire *qu'on le détenait injustement*, et qu'il s'était déjà pourvu devant l'autorité civile pour le réclamer (19).

Mais telle fut l'influence de ceux qui tremblans de le voir en liberté en France avaient les yeux attachés sur le prétendu Brinck, que quelques jours après cet ambassadeur abandonna ce sujet de son roi, et qu'il ne voulut plus se mêler de cette affaire.

Durant mon séjour à Sainte-Pélagie, je fûs tenu au courant de l'affaire de Buiema, elle se réduisit à une chose bien remarquable. Après avoir été écroué, sous le faux nom de Brinck, comme complice de Louvel; après avoir été accusé, dans le cours de l'instruction, tantôt d'avoir tué son père, tantôt d'avoir assassiné un capitaine de frégate, il fut renvoyé devant le tribunal correctionnel, comme prévenu du délit de vagabondage. On est tenté de rire, même au fond des prisons, lorsqu'on voit accuser de vagabondage en France, un homme qui n'avait pas fait un pas sur le territoire du royaume, sans être dans les mains de la gendarmerie, ou sous les verroux. Par exploit du 22 janvier 1827 (20), il fut traduit devant la sixième chambre du tribunal de première instance de la Seine, jugeant en police correctionnelle, et sur la plaidoirie de Me Laÿ de Laborde, avocat, le tribunal, par jugement du 7 février suivant, se déclara incompétent, attendu que si le prétendu Brinck s'était rendu coupable du délit de vagabondage, ce n'était point dans son ressort, puisqu'il y avait été conduit par la gendarmerie, et que depuis, il avait été constamment détenu. Bientôt après il fut transféré de brigade en brigade, dans la prison de Valenciennes, où il restait à examiner s'il s'était rendu coupable du délit de vagabondage dans l'étendue de ce dernier arrondissement où il avait été arrêté (aux termes du procès-verbal qui ne pouvait pas dire qu'il avait été arbitrairement extrait de son pays). Je dénonçai son départ de la Conciergerie (21) à M. le baron de Fagel, ambassadeur du roi des Pays-Bas, et je le fis de manière à ne pas lui laisser ignorer, puisqu'il *avait oublié* le contenu de mes premières lettres, les dangers qui environnaient l'existence du prétendu Brinck[1].

Je sortis de Sainte-Pélagie avec la ferme résolution de publier la cause de mes persécutions, et d'appeler l'attention de la France sur les grands criminels signalés par Buiema. Cependant, contenu par mon respect pour de si hautes infortunes; contenu par ma répugnance à renouveler dans le cœur paternel du Roi un souvenir si dou-

---

[1] Quoique Buiema n'espérât pas de trouver jamais du repos en Europe, c'est dans sa famille qu'il retourna, sans doute par l'effet des premières démarches que l'ambassadeur des Pays-Bas fit dans son intérêt avant que sa religion sur mon compte et sur celui de Buiema ne fût surprise.

Buiema, fort de sa conscience, n'a jamais craint l'accusation de complicité portée contre lui; il ne craignait que le poignard de ceux qui l'avaient armé pour lui faire partager le crime de Louvel; il ne craignait que la prison secrète où la puissance de ses persécuteurs pouvait le faire tomber pour la vie. La preuve, c'est qu'il m'autorisait par ses lettres à agir auprès du gouvernement pour les faire mettre

loureux, je n'ai pas voulu agir témérairement, et, avant de prendre ce parti, j'ai soumis l'exposé de ces révélations à différens ministres, pour les mettre à portée de prendre sagement, dans une affaire si scandaleuse, la décision la plus convenable à la dignité du trône, au repos de la famille royale, aux intérêts de la nation. Qu'est-il résulté de mes démarches? Des réponses évasives qui m'ont prouvé qu'en précisant des faits qui devaient amener la justice à la preuve la plus complète, je n'ajoutais rien à la conviction générale, et que, mus par un intérêt personnel, aucun de ces ministres n'osait, en prenant l'initiative dans une affaire si grave, exposer son existence ministérielle aux cabales des puissans amis de M. Decazes.

---

en accusation et pour le faire retenir lui-même dans une prison, à Paris.

Que le gouvernement garantisse donc à Buiema qu'il n'a rien à risquer que de perdre sa tête sous le fer de la justice, s'il est trouvé coupable par la cour des pairs, et il paraîtra avec confiance. Sa présence confondra les coupables par des révélations plus précises et qui mettront la justice sur la trace de toutes les preuves, il convaincra pleinement la justice. Il se ferait reconnaître par Desbiez en lui répétant, *avec son accent allemand*, sur le lieu de la scène, les paroles qui furent proférées et les mouvemens qui furent faits lors de l'offre *du verre du rum*.

Cependant le 8 mai 1828, M. le comte de la Ferronnays, alors ministre des affaires étrangères, m'écrivit que de concert avec M. le garde-des-sceaux, comte Portalis, il avait remis entre les mains du Roi le résumé et les pièces que je lui avais transmises, et que toute explication entre lui et moi serait inutile jusqu'à nouvel ordre (22). Si le caractère honorable de ce ministre ne le plaçait au-dessus du mensonge, aurais-je pu croire au contenu de cette lettre, en voyant le Roi toujours entouré du duc de Maillé, en lisant quelque temps après dans un journal que le vicomte de Lamothe avait été reçu en audience particulière par S. M.? Toute fois j'ai dû conclure de cet état de choses, que le Roi était entièrement trompé sur ces détails[1]. Pour franchir

---

[1] Si les ministres, si le Roi, (en supposant que S. M. en ait eu connaissance) n'ont pas attaché aux révélations de Buiema l'importance qu'elles avaient, ceux qui avaient à craindre de les voir au jour y ont fait plus d'attention; car je puis prouver par écrit qu'à l'aide d'un mensonge adroitement combiné, une personne titrée et mise en avant, dans le but probable de me soustraire les pièces justificatives, a tenté de m'entraîner à un rendez-vous, en m'annonçant faussement la présence de Buiema en France, et en me disant que sa position réclamait sur-le-champ mon intervention. Et auparavant, un autre individu, ayant des rapports

la barrière des courtisans qui empêche la vérité d'arriver jusqu'à lui, je me décide donc à publier les révélations de Buiema, et à les soumettre aux premiers corps de l'état.

Nobles Pairs, honorables Députés! vous êtes les dépositaires des grands intérêts de la nation, et les plus fermes appuis du trône. C'est à vous de juger s'il est de l'honneur de la France de connaître des faits si graves, de voir les moyens d'en compléter la preuve et de rester dans l'inaction; c'est à vous de juger s'il est de la dignité de la couronne et de la sûreté de l'auguste famille régnante, d'être entourés de ceux qui ont fait couler le sang de nos rois.

CHARLES FERDINAND baron de SAINT-CLAIR,
Colonel de cavalerie.

---

avec des personnages puissans, avait inutilement tenté, verbalement et par écrit, d'obtenir les originaux de ces pièces.

RÉSUMÉ

DES PRINCIPAUX FAITS CARACTÉRISTIQUES DE LA
COMPLICITÉ DU CRIME DE LOUVEL.

RÉSUMÉ

DES PRINCIPAUX FAITS CARACTÉRISTIQUES DE LA CÓMPLICITÉ DU CRIME DE LOUVEL.

1.

Le 12 mars 1819, Jean-Louis Buiema m'a révélé le complot formé contre la vie du duc de Berry, par le comte Decazes, le vicomte de Lamothe et autres personnages puissans. Cette révélation est prouvée par sa déclaration écrite et par les démarches inutiles que je fis auprès du comte de Clermont Lodève, du duc de Maillé et du comte d'Escars, et par la confidence que j'en fis avant l'événement au comte de Florac député, et à M. Clausel de Coussergues.

2.

Les conjurés se réunirent à l'hôtel Meurice, chez le vicomte de Lamothe, le 22 décembre 1819, et ils mirent en présence Louvel, décidé à frapper le prince, et Buiema qui n'acceptait le poignard que pour sauver ses propres jours. Ce fait est attesté : 1° par la déclaration de Buiema consignée dans le procès-verbal rédigé par le procureur du roi de Valenciennes ; 2° par les révélations écrites qu'il m'a faites depuis ; 3° par les avertissemens reçus par M. Leroi et le comte de Greffulh ; 4° par les bruits qui se répandirent immédiatement après à Paris et dans les départemens.

3.

Avant l'assassinat, un individu avait été remarqué par son assiduité à se trouver sur le passage qui conduit à la loge du roi au Théâtre-Français. Il fut arrêté par l'officier de paix Rivoire, et ses agens qui le trouvèrent armé d'un carrelet, outil de sellier assez fort pour remplir l'office de poignard. Qui était cet individu ? c'était Louvel, celui qui, depuis, a été l'assassin du prince ; celui qui, le 13 février, fut arrêté, ayant dans sa poche ce même carrelet de sellier. On l'amena au corps-de-garde, où il montra une insolente sécurité. De là, il fut conduit devant M. Anglès à la préfecture de police, *où il parut être chez lui*. Il fut mis sur-le-champ en liberté. Immédiatement après, l'officier de paix, Rivoire, fut appelé dans le cabinet du ministre Decazes. Celui-ci le réprimanda fortement de ce qu'il s'était permis d'arrêter un homme attaché à la maison du roi, (un

garçon sellier !) et, lui enjoignit d'être plus circonspect à l'avenir.

4.

Déclaration de Buiema prouvée par le procès-
verbal du procureur du roi de Valenciennes, par
mon témoignage et par les écrits signés de sa main
dont je suis muni, qui attestent qu'après avoir reçu
un poignard de M. Lepaultre, vicomte de Lamothe, ce dernier et M. Decazes le conduisirent en
voiture dans une rue où Louvel les attendait le
13 février 1820, à 9 heures du soir.

5.

Témoignage écrit du garde royal Desbiez qui
constate avec ses camarades, que, le 13 février à
9 heures et demie du soir , un individu vêtu d'une
redingote grise et *ayant l'accent allemand* , fut lui
offrir un verre de rum , à côté de la porte du
corps-de-garde , et témoignage de Buiema, *Hollandais d'origine* , qui déclare que , pendant que
Louvel attendait sa victime, et dans un moment
où l'horreur de sa position lui avait fait perdre
la tête , *il offrit ce verre de rum à un garde-royal
qui se trouvait à la porte du corps-de-garde.*

6.

Soustraction des papiers trouvés sur Louvel, évidemment établie par l'aveu de l'assassin et par la déclaration du gendarme Lavigne.

7.

Étrange conduite du ministre Decazes, qui se hâte d'arracher Louvel des mains du ministère public ; qui, en l'interrogeant lui-même à l'Opéra, *lui parle plusieurs fois à l'oreille* ; qui essaye par une question adroite de lui suggérer l'idée de dire que son crime était l'effet d'une animosité personnelle ; qui le garde dans son hôtel et même dans son cabinet pendant 17 heures, après avoir fait retirer les gendarmes.

8.

Différence sensible dans le rôle de Louvel. Avant d'avoir vu le ministre, il se montre faible et découragé, il se trouve mal plusieurs fois ; il prie les gendarmes de *le faire mourir avant que le prince ne meure* ; il répond lorsqu'on lui demande s'il a des complices, *qu'il ne manque pas de monde en France....; que la justice fasse son devoir et qu'elle découvre ceux qu'elle présume être ses complices.* En sortant des mains de M. Decazes, c'est Brutus tenant un langage insensé propre à amener des lois d'exception, en indiquant la source de son fanatisme dans des doctrines antimonarchiques ; et toutefois il ne soutient son système de dénégation qu'en réprimant des mouvemens involontaires, qui, pour ne pas laisser échapper son secret, l'avaient décidé à ne pas boire du vin à la Conciergerie. *Je voudrais*, disait-il dans un de ses retours sur le rôle qu'on lui avait fait jouer, *je voudrais ne les avoir jamais connus, j'aurais continué à exister dans la société ; j'aurais pu être bon père, bon époux.*

10.

Buiema, déclare que, la veille de l'assassinat, il reçut avec un poignard, des mains du vicomte de Lamotte, 1500 francs ; et précisément une pareille somme s'est trouvée chez Louvel, le lendemain de la mort du prince.

11.

Lettre écrite à M. le baron Laisné, lieutenant colonel de la gendarmerie de Paris, par une dame de Compiègne, qui, en lui apprenant qu'un courrier passant par cette ville le 13 février à neuf heures du soir, avait annoncé l'assassinat du duc de Berry, le suppliait, avec sollicitude, de lui mander si cela était vrai. On ne voulut faire aucun usage de cette lettre , et on empêcha ce militaire de suivre ce courrier pour lui faire expliquer la source de ce bruit.

1 2.

Au moment où les bruits qui circulaient à Paris, où les avertissemens donnés par moi, par M. Leroi, par M. le comte de Greffult , pair de France , auraient dû redoubler l'attention et les forces de la police pour la sûreté du prince, la plupart de ses agens, par ordre de M. Decazes et sous des prétextes spécieux, sont envoyés ailleurs ; le préfet de police Anglès va passer la soirée dans un bal rue du Faubourg-Saint-Honoré ; et l'officier de paix Joly , homme de confiance de M. Decazes, à qui la police de l'Opéra était confiée ce soir, s'en va dans un café avec un de ses inspecteurs, et cela au moment où le prince allait sortir , chose qu'il ne pouvait pas ignorer , puisque l'ordre de ramener les voitures de la cour avait été donné à *haute voix pour onze heures.*

1 3.

Cinq individus exactement habillés comme Louvel , après s'être ménagé le moyen de prouver leur alibi, en passant toute la soirée dans le café qui fait l'angle de l'arcade Colbert, s'élancent dans la rue au premier bruit, au premier mouvement qui se manifestent, et se disséminent sur le passage de l'assassin qui, à la faveur de cette combinaison, s'évadait si le gendarme Lavigne ne lui eût enfoncé le chapeau sur les yeux.

14.

Le soin que la police a pris pour écarter de la procédure les personnes dont la déposition devait amener la découverte du complot.

J'avais connu et dénoncé ce complot et je ne fus point appelé ; et le comte de Clermont Lodève, le duc de Maillé et le comte d'Escars, à qui je l'avais fait connaître, ne dirent pas un mot de moi. M. Wolfs qui s'était trouvé dans la voiture du préfet de police avec Louvel demanda à être entendu et il ne put pas l'obtenir. M. le baron Laisné qui avait fait connaître l'étonnante lettre de Compiègne, M. Clausel de Coussergue, qui avait annoncé des faits si graves à la tribune nationale, furent également laissés de côté.

15.

Persécutions que j'ai essuyées pour avoir dénoncé ce complot ; disgrâce complète et violente du baron Laisné, qui avait montré tant d'énergie pour empêcher l'enlèvement de Louvel ; indignes persécutions dirigées contre le gendarme Lavigne qui avait enchaîné l'assassin après avoir facilité son arrestation, et osé parler des papiers trouvés sur lui et enlevés aussitôt. Récompenses accordées à tous ceux qui avaient timidement cédé à l'influence de la police, ou qui sont signalés par Buiema comme complices de M. Decazes.

16.

Témoignage de M. le procureur général qui, en avouant l'impossibilité de découvrir les complices, en reconnaissait l'existence et proclamait dans son réquisitoire que le crime de Louvel n'était point un crime isolé.

17.

On assure et cela a été déjà imprimé, qu'en sortant des mains de son confesseur pour tendre sa tête, Louvel dit : *Je ne croyais pas qu'ils m'eussent laissé périr !*

18.

Pièces émanées des conjurés, dont Buiema affirme l'existence en indiquant les moyens de les avoir et le témoignage de ceux qui les ont vues. Poignard et plusieurs lettres qui sont encore en son pouvoir.

19.

Témoignage vivant de Buiema, dont la présence confondra ceux qu'il accuse, qui indiquera une foule de témoins, et qui fera connaître avec plus de détails toutes les circonstances du complot ; qui se fera reconnaître par Desbiez, par M. le marquis de Jumillac, etc. — Témoignage de la famille de Buiema qui connaît la cause de ses malheurs.

PIÈCES JUSTIFICATIVES.

PIÈCES JUSTIFICATIVES.

(1)

COMMENT LA FAMILLE BUIEMA M'EST CONNUE.

Le 16 octobre 1799, l'armée de S. M. Britannique, sous
les ordres de S. A. R. le duc d'Yorck, fut vigoureusement
attaquée par l'armée républicaine, près d'Alkmaar en Hollande. Je servais dans cette armée en vertu de l'autorisation de nos princes, et en qualité d'aide-de-camp extraordinaire du général sir John Moore. Dans la charge exécutée
par les 15ᵉ et 16ᵉ régimens des dragons légers, mon cheval fut tué, je fus grièvement blessé par deux coups de
feu que je reçus à mes cuisses, et pendant que la cavalerie
anglaise était repoussée, je restai parmi les morts et les
blessés sur le champ de bataille. Un hussard de l'armée républicaine ayant une moustache d'une longueur remarquable, s'approcha de moi et eut pitié de ma jeunesse. Il des-
cendit de son cheval, ôta son dolman, coupa la manche de
sa chemise pour arrêter mon sang, en répétant : *J'ai des enfans; il est bien jeune.* Sachant le sort réservé aux émigrés
surpris les armes à la main, je n'avais pas proféré un mot,
j'avais feint de ne rien comprendre.

L'armée du duc d'Yorck se battait avec acharnement. Ce
brave homme me quitta pour se rendre à son devoir. L'armée anglaise ayant été repoussée sur tous les points, il re-

vint me trouver atteint lui-même d'une blessure qu'il venait de recevoir au bras. Il me fit porter à Alkmaar et m'amena un chirurgien français pour me faire panser. Comme je n'avais point parlé, il me prenait toujours pour Anglais, ayant l'uniforme d'aide-de-camp de cette nation. Sa blessure l'ayant dispensé de rejoindre són corps, il ne me quitta presque pas. La crainte de compromettre cet homme généreux me porta à lui expliquer ma position. Ma franchise ne fit qu'augmenter l'intérêt qu'il m'avait déjà témoigné, il fut vivement ému en apprenant que, si jeune, j'avais déjà porté les armes pendant 6 ans sur le Rhin et dans les Antilles. Aussitôt que mes blessures me permirent de supporter ce voyage, il me conduisit secrètement à L... dans sa propre famille, se félicitant de ce que sa blessure le servait si bien pour me rendre ce service. C'est chez lui que je fus soigné et que je restai pendant deux mois et quelques jours. Lorsque je fus en état de voyager, il me facilita les moyens de me rendre à Hambourg d'où je partis pour l'Angleterre.

Avant de quitter la famille de ce hussard qui s'appelait *Buiema*, je voulus lui laisser des témoignages de ma reconnaissance. Elle ne voulut rien accepter, elle repoussa toutes mes offres avec des expressions de bonté et d'intérêt qui ne s'effaceront jamais de ma mémoire. Mais elle me fit écrire sur un calepin que Buiema tira de sa poche, *mon nom, mes prénoms, mon âge, le lieu de ma naissance, et la date du jour où j'avais été retiré blessé du champ de bataille.*

C'est en me présentant ce livret que *Jean-Louis Buiema* s'est fait reconnaître à moi, pour le fils de mon bienfaiteur, lorsque le 12 mars 1819, il vint me dénoncer la conjuration dirigée par M. Decazes contre le duc de Berry.

(2)

PREMIÈRE DÉCLARATION DE BUIEMA.

Je soussigné Jean Louis Brinck, natif de L******** en Hollande, royaume des Pays-Bas,

Présentement détenu, sous prévention, en la maison de la Conciergerie de Paris, déclare : que le 12 mars 1819 au matin, je me suis rendu dans la commune de Marly-le-Roi, près de Versailles, où demeurait M. le colonel *Charles-Ferdinand, baron de Saint-Clair*, dont les opinions royalistes et la personne m'étaient connues ; que là, étant dans l'intention d'empêcher un crime et un malheur que je savais que l'on préparait dans des vues qui m'étaient, à cette époque, encore inconnues, je lui déclarai sous le serment de me garder le secret, et pour l'acquit de ma conscience :

Premièrement, qu'étant au service particulier de M. le colonel *Le Paultre , vicomte de Lamothe* , actuellement maréchal de camp, commandant à Lyon, j'avais eu connaissance d'un complot criminel, celui de donner la mort à S. A. R. monseigneur le duc de Berry, dans la vue probable de changer l'ordre de succession au trône.

Secondement, que je m'adressais à M. le colonel de Saint-Clair, parce que ses opinions royalistes et son émigration m'assuraient de sa loyauté, autant que de la franchise de son caractère ; qu'étant sûr qu'il chercherait à s'opposer, de toutes ses forces, au crime dès-lors prémédité et qu'il en pourrait prévenir le prince ou les personnes qui l'environnaient, je venais alors pour l'en avertir, et je lui dis ces choses en ajoutant que mon désir, ma volonté positive étaient d'empêcher la mort projetée de ce prince, mais que je ne voulais dénoncer personne ; et sur ce que mondit sieur de Saint-Clair m'objecta que j'aurais dû et devais en prévenir la police, je répondis que je l'étais venu trouver ne sachant à qui m'adresser, puisqu'il me paraissait que des personnages puissans étaient dans ce complot ; que je ne les connaissais pas tous, mais que j'étais certain que M. *Decazes, ministre de la police, en était et dirigeait toute cette affreuse affaire* ; qu'enfin ce ministre et les autres personnages me feraient périr si jamais ils venaient à savoir ma démarche, et que ces motifs m'avaient empêché de m'adresser à d'autres personnes pour en avertir ; crainte aussi de tomber entre les mains d'un de ses amis, agent ou complice.

Troisièmement, après avoir réitéré *que je ne voulais qu'avertir et empêcher de commettre le crime, et non pas dénoncer*, j'ajoutai que je ne connaissais pas tous les complices de ce complot ; qu'ainsi, n'ayant que mon témoignage à apporter en preuve, j'espérais que M. de Saint-Clair se bornerait pour le moment à *prévenir le crime sans nommer personne*, et sur cela, il me renouvela le serment *de ne jamais me nommer;* mais, pour tenir ma promesse de le mettre au courant de tout, à mesure que je saurais quelque chose de plus, je promis de le venir voir de nouveau sous très-peu de jours.

Trois ou quatre jours après cet entretien, je retournai à Marly-le-Roi, où ayant su que M. de Saint-Clair venait d'être arrêté, j'en fus saisi de terreur, et cette arrestation et la suite des événemens, enfin la crainte de me compromettre, sans preuves suffisantes, contre des coupables tout puissans, et surtout l'espoir que j'avais qu'ils ne réussiraient pas, m'empêchèrent de retourner à Marly.

Quatrièmement, depuis la mort du prince, qu'il n'a pas dépendu de moi d'empêcher, ayant été deux fois arrêté, chargé de fers, très-maltraité et torturé, surtout depuis mon extradition du royaume des Pays-Bas, ayant reçu bien des promesses et des menaces, été traîné de prison en prison, et questionné par des gens qui ne m'inspiraient point de confiance, et qui, en m'interrogeant, me disaient assez clairement *que j'aurais tort de parler*; j'avais résolu de me taire à jamais, afin de désarmer mes persécuteurs, et je n'avais d'espérance que dans la mort dont me menace la ruine de ma santé, si l'on ne me rend la liberté, vu surtout l'état des plaies provenant de mes fers, lorsque, vers du 18 au 26 septembre dernier, la Providence ayant pitié de moi, je reconnus M. le baron de Saint-Clair dans un détenu.

Je regardai son arrivée comme un coup du ciel, surtout lorsqu'après m'avoir reconnu, quoique les souffrances que j'ai éprouvées, depuis quelques années bien longues, m'aient changé, M. de Saint-Clair me prouva et me justifia, par écrit, qu'il avait rempli mes intentions autant qu'il était en lui, ne sachant plus où j'étais ni si j'existais; et *qu'à diverses fois il avait très-positivement écrit à M. de Clermont Lodève*, aide-de-camp de l'infortuné prince, et à *M. le duc de Maillé*. M'ayant montré *les réponses originales de ce dernier personnage*, et datées de plusieurs mois avant le fatal événement, toutes timbrées de la poste, je reconnus que M. de Saint-Clair avait bien loyalement averti, *et qu'il avait écrit le jour même* que je lui avais fait ma déclaration à Marly; qu'enfin, *s'étant mal adressé*, il avait bien inutilement récidivé ses avertissemens à des gens qui ne voulaient point être avertis..... C'est pourquoi ne doutant pas que son arrestation en 1819, *trois jours après avoir averti*, et celle actuelle en 1826, sous les mêmes faux prétextes, étaient la suite de ses avertissemens, *qui auraient été communiqués à M. Decazes; qu'enfin l'on ne souhaitait que ma perte et la sienne pour étouffer cette horrible affaire ;* j'ai donc renouvelé, entre ses mains et par écrit, ma première déclaration verbale, pour lui servir au besoin ; lui donnant toute autorisation d'agir à compter de ce jour.

Donné et fait double à Paris, *ce vingt novembre* 1826, à M. de Saint-Clair.

Certifié cette dite déclaration conforme à la première qui lui fut faite verbalement, le douze mars 1819, par ledit Jean Louis Brinck, et il a également signé ledit jour.

Approuvé l'écriture, *signé* DE SAINT-CLAIR.

Approuvé l'écriture, *signé* J. LOUIS BRINCK.

Et a aussi signé comme témoin à ladite déclaration,

A Paris, le 20 novembre 1826,

Signé SÉVIGNY.

(3).

Marly-le-Roi, le 12 mars 1819.

Monsieur,

Ayant été l'année dernière à Londres, j'ai eu l'avantage de rencontrer à l'audience de S. A. R. monseigneur le duc d'Yorck, un officier supérieur anglais de votre connaissance. Quelques jours après, il est venu me voir et m'a remis la lettre ci-jointe que j'ai l'honneur de vous envoyer.

Des sentimens de délicatesse m'ont empêché jusqu'ici de faire parvenir cette lettre à son adresse, vu qu'étant bien connu aux Iles et en Egypte de cet officier, qui est un vrai ami, je n'approuve pas la partialité et la chaleur que l'amitié lui fait mettre en parlant de mes moyens militaires. Croyez, monsieur, qu'il fallait des circonstances de la plus haute importance pour me décider à surmonter toute considération personnelle en l'envoyant aujourd'hui.

Monsieur, après la lecture de la lettre de votre ami, j'ai l'honneur de présumer que vous voudrez bien m'accorder quelques momens d'entretien; ce n'est point avec l'intention de vous parler de moi-même : devant ceux qui se trouvent en place sans avoir jamais versé une goutte de sang, je laisse en évidence mes nombreuses et graves cicatrices reçues pour la cause sacrée de la légitimité. Si je désire vous voir, c'est *pour vous prévenir que la personne de l'auguste prince,* auprès de qui vous avez le bonheur d'être employé, se trouve *très-sérieusement menacée.* Il m'est impossible d'en dire davantage sur le papier, m'étant engagé par une promesse sacrée à ne jamais nommer la source d'où je tiens l'affaire, et jamais personne ne peut la deviner. Mais tout ce que je puis assurer, *c'est que l'infernale trame ourdie contre les jours d'un des meilleurs comme des plus loyaux princes*, dont le caractère éminemment chevaleresque porte ombrage, surtout *aux machinations d'une homme atroce* qui, pour le malheur de la France, se trouve aujourd'hui en grande faveur auprès de Sa Majesté.

Si je m'adresse à vous, Monsieur, c'est que la place honorable que vous occupez, vous fait être auprès de la personne de S. A. R. monseigneur le duc de Berry; et comme c'est de S. A. R. que je veux parler, je vous prie de m'indiquer le jour et l'heure où je pourrai vous trouver.

Par la lettre de votre ami, que j'ai l'honneur de vous envoyer, vous serez à même de pouvoir juger que je ne suis guère habitué à supplier pour moi-même. Il m'est donc inutile d'ajouter que l'affaire en question a besoin de circonspection pour la prévenir; n'oubliez pas, Monsieur, que c'est un militaire qui a versé son sang avec profusion pour l'auguste famille régnante qui répond sur sa tête de la vérité de ce qu'il désire vous communiquer.

J'ai l'honneur d'être, Monsieur, votre très-humble, etc.

Signé Baron de Saint-Clair.

A monsieur le comte de Clermont Lodève, gentilhomme d'honneur de S. A. R. le duc de Berry.

(4)

Montreuil, près Vincennes, le 30 avril 1819.

Monsieur le Duc,

Le 12 mars j'ai adressé à M. de Clermont Lodève une lettre dans laquelle je demandais quelques momens d'entretien; mais, malgré toute l'importance du contenu de cette lettre, M. de Clermont oubliant, dans l'ivresse de son bonheur, tout ce qu'il doit à l'auguste prince, son bienfaiteur, ce n'est point étonnant qu'il ait oublié les services que je lui ai rendus en *Sicile* aussi bien que ceux d'un officier supérieur anglais en 1806 à *Gibraltar*, quand M. de Clermont n'était que sous-lieutenant dans le régiment des Rolles. Quoique j'aie envoyé à M. de Clermont une lettre de cet officier anglais, en l'avertissant que les jours de l'auguste prince auquel il a l'honneur d'être attaché *se trouvaient sérieusement menacés*, M. de Clermont n'y a pas fait la moindre attention.

Depuis, ayant été arrêté *par ordre de monsieur Decazes*, il m'a été impossible de faire plutôt la demande urgente pour éviter à la France un grand malheur. J'ai profité du premier moment de ma liberté pour m'adresser à vous, M. le duc.

J'ai l'honneur de vous supplier de m'accorder quelques momens d'entretien, pour pouvoir vous expliquer cette trame atroce.

La singularité de mon arrestation, *trois jours après que j'eus écrit à M. de Clermont*, par ordre de M. Decazes, m'empêche de m'expliquer plus clairement qu'en personne, et j'attends avec impatience le jour que vous voudrez bien m'indiquer pour me présenter.

Agréez les sentimens de la considération, etc.,
Monsieur le duc, votre très-humble, etc.

Signé de Saint-Clair.

A M. le duc de Maillé, gentilhomme de la chambre de S. A. R. Monsieur.

(5)

RÉPONSE AUTOGRAPHE A LA LETTRE QUI PRÉCÈDE.

Le duc de Maillé a l'honneur de faire ses complimens à M. de S.-Clair. Il est bien fâché d'avoir tant tardé à lui répondre et de ne pouvoir en ce moment le recevoir, ainsi qu'il lui en témoigne le désir, il est très-inquiet sur la santé de sa mère, dont la position réclame tous ses instans.

Le duc de Maillé engage M. de S.-Clair à s'adresser à M. le duc de Fitz-James, de service auprès de Monsieur, et à lui écrire s'il veut lui confier ce dont il désirerait l'entretenir.

Paris, le 30 juin 1819.

(6)

Montreuil, le 3 juillet 1819.

Monsieur le Duc,

J'ai l'honneur d'accuser la réception de votre lettre du 3o juin, dans laquelle vous avez la bonté de m'engager à me présenter chez M le duc de Fitz-James, de service auprès de Son Altesse Royale Monsieur.

Le crime prémédité dont je désire vous communiquer la trame infernale est si grave, qu'il faut que j'aie toute confiance en celui à qui je me livrerai. Ce crime qu'on veut tenter est aussi audacieux qu'atroce, et l'homme que je veux dévoiler est en très-grande faveur auprès de la Majesté Royale.

Personnellement inconnu de M. le duc de Fitz-James, militaire depuis presque mon enfance, je vous prie de m'excuser si. . . . .

Si la santé de madame la duchesse, votre mère, empêche encore que je puisse avoir l'honneur de vous voir en personne, je vous prie de vouloir bien m'indiquer quelqu'autre seigneur auprès de S. A. R. Monsieur, à qui je puisse dire librement et avec confiance tout ce qu'il pourra désirer pour déjouer l'*infernale machination du favori*.

Agréez les sentimens de la parfaite, etc.

Monsieur le Duc, votre très-humble, etc.

de S.-Clair.

A Monsieur le duc de Maillé, gentilhomme de la chambre de S. A. R. Monsieur.

(7)

RÉPONSE AUTOGRAPHE A LA LETTRE QUI PRÉCÈDE.

Le duc de Maillé se trouvant toujours dans la même position, qui l'a empêché de recevoir M. de Saint-Clair, a l'honneur de l'informer qu'il *a fait part de son désir à M. le comte d'Escars;* il veut bien le voir, et il a chargé le duc de Maillé d'engager M. de Saint-Clair à passer chez lui aux Tuileries un des jours de la semaine, à neuf heures du matin.

Paris, le 6 juillet 1819.

(8)

Rue de Noailles, numéro 11, à Versailles, le 14 février 1820.

Monsieur le duc,

L'infernal crime dont j'ai prévenu M. le comte d'Escars, le 7 juillet, dont je voulus prévenir M. de Clermont le 12 mars est à la fin consommé, faute de fermeté, de courage, de prévoyance qui l'auraient bien empêché.

Au prix de mon sang j'ai proposé, à M. le comte d'Escars, d'épargner à la France ce nouveau forfait. L'énergie qu'il m'a fallu déployer a eu l'air d'effrayer M. d'Escars, qui m'a seulement répondu *qu'on avait l'œil partout.*

Quel prince sacrifié par ce parvenu ! Ah ! M. le duc, quelle

imprévoyance de la part de ceux qui pouvaient faire autre-
ment et même empêcher ce crime horrible !

Actuellement si on désire savoir la vérité, je vous en
supplie, M. le duc, de faire en sorte auprès de S. A. R. Monsieur, que je sois mis pour garder cet infernal monstre qui
n'est que l'instrument du véritable assassin; mon courage
comme ma fidélité sont irréprochables, l'un comme l'autre
sont à l'abri des soupçons, et ni les menaces, ni le pouvoir
de M. Decazes ne sont dans le cas de m'intimider.

J'ai porté en personne cette lettre qui, je l'espère, attirera
votre attention. Ce crime atroce est peut-être l'avant-cou-
reur d'autres préméditations; l'homme vraiment coupable
peut dissimuler son infernale participation davantage, et
j'attends avec confiance des ordres pour me rendre au poste,
où je saurai bien empêcher que le poison ou tout autre moyen
empêche des éclaircissemens qu'on peut attendre de ce monstre.

J'ai l'honneur d'être, M. le duc, votre très-humble, etc.

Signé de Saint-Clair

A M. le duc de Maillé, gentilhomme de la chambre de
S. A. R. Monsieur.

(9)

RÉPONSE AUTOGRAPHE A LA LETTRE PRÉCÉDENTE.

Le duc de Maillé a l'honneur de faire ses complimens à M. de Saint-Clair, et lui témoigne ses regrets *de ne pouvoir seconder ses désirs, ne sachant à qui se trouve confiée la garde de ce monstre.*

Le duc de Maillé ne doutant nullement des sentimens de M. de Saint-Clair.

Aux Tuileries, ce 20 février 1820.

(10)

Le duc de Maillé n'ayant plus dans la maison du roi, des fonctions qui puissent lui permettre de soumettre aucune affaire à Sa Majesté, a l'honneur d'inviter M. le baron de Saint-Clair à s'adresser directement à M. le comte Ch. de Damas, premier gentilhomme de la chambre du roi.

Ce 9 octobre 1824.

(11)

Je certifie que M. le baron de Saint-Clair, (Charles Ferdinand) a servi dans la cavalerie noble de l'armée de Condé, avec autant de distinction que de dévouement au roi, depuis le commencement de février 1793, jusqu'au 22 octobre 1794.

En foi de quoi, je lui ai délivré le présent certificat.

Paris, le 13 novembre 1826.

Le lieutenant-général, pair de France, ci-devant maréchal-général des logis de la cavalerie de l'armée de Condé.

Signé le marquis d'ECQUEVILLY.

Le pair de France, grand référendaire de la chambre des pairs, certifie que la signature apposée d'autre part est celle de M. le marquis d'Ecquevilly pair de France.

A Paris, le 22 mars 1828.

Signé SEMONVILLE,

(12)

Par le présent, je, soussigné, certifie que M. le baron de Saint-Clair, (Charles Ferdinand) colonel de cavalerie, a émigré au mois de février 1793, et qu'il a pris du service dans les armées des puissances étrangères par *autorisation de Sa Majesté*; alors *Monsieur, et que ses services doivent lui compter comme ayant servi Sa Majesté le roi de France.*

En foi de quoi je lui ai délivré le présent pour servir et valoir.

Aux Tuileries, le 6 septembre 1816.

Signé le duc de LA CHATRE,
Premier gentilhomme de la chambre du roi.

(13)

MINISTÈRE DE LA GUERRE.

Le chef de division honoraire dirigeant le bureau de la

maison militaire du roi, et des décorations, certifie que M. le baron de Saint-Clair, colonel, sortant du service de Russie, a donné l'original de sa démission du service de cette puissance et une attestation de M. le duc de la Châtre, qui prouve que M. le baron de Saint-Clair a pris du service à l'étranger avec l'autorisation des princes.

Ces deux pièces sont maintenant jointes au dossier qui accompagne une demande de cet officier supérieur, et sont sous les yeux du ministre.

En foi de quoi j'ai délivré le présent pour servir ce que de raison.

Paris, le deux octobre 1817.

Signé DOUET.

(14)

Je soussigné certifie que M. le baron de Saint-Clair, (Charles-Ferdinand) a été reçu *chevalier de Saint-Louis, le 3 avril par S. A. S. le prince de Condé*, après la recommandation spéciale du général sir John Moore, à son retour de la campagne d'Égypte; et, n'ayant reçu que le ruban, la croix lui est légitimement due [1].

----

1. Lorsqu'on me livra à la justice, pour la première fois, on n'osa pas m'accuser du port illégal de cette décoration, parce que le prince de Condé et le duc de la Châtre vivaient, et que leur témoignage aurait été là. Ce ne fut qu'après leur mort, et après m'avoir soustrait leurs témoignages écrits, qu'on osa soulever cette indigne accusation contre moi.

En foi de quoi je lui ai délivré, sur sa demande, le présent certificat, pour lui servir et valoir ce que de raison.

Aux Tuileries, le 6 septembre 1816.

Signé le duc de LA CHATRE,
Premier gentilhomme de la chambre du Roi.

(15)

A M. le Préfet de Police, Conseiller-d'Etat.

Monsieur le Préfet,

J'ai eu l'honneur de vous adresser une lettre, le jour après mon arrivée ici, mais n'ayant pas eu de réponse, je me permets aujourd'hui de m'expliquer davantage.

Il est question de soustraire un homme dont les témoignages seraient de la plus haute importance pour dévoiler un crime des plus atroces.

Louis-Jean Brinck s'est présenté chez moi le 12 mars 1819; il m'a fait part d'une trame atroce ourdie depuis quelque temps; j'ai fait mon devoir pour empêcher son exécution, comme je puis le prouver par ma correspondance, et les originaux des réponses que j'ai encore entre les mains.

J'ai l'honneur de vous déclarer, M. le Préfet, que le crime de Louvel ne fut point isolé, et que la Providence veut que toute cette monstrueuse trahison soit mise à jour; et, pour faire éclater la vérité, cette même Providence a permis que je fusse traîné dans la prison de la Conciergerie par mon dévouement.

Là, le lendemain de mon arrivée, la première personne que j'ai vue fut celui que j'ai cherché partout depuis 1819.

J'ai aujourd'hui sa déclaration du 12 mars 1819 renouvelée, *et si M. le Procureur-Général le fait enlever, c'est à la chambre des Pairs qu'il faut en rendre compte.*

Aujourd'hui j'ai l'honneur de vous répéter ma prière, et que ce soit le plutôt possible, car le temps se passe, et si l'on fait partir ce malheureux pour que tout soit enseveli dans les ténèbres, j'ai l'honneur de vous déclarer que si je n'ai pas d'ici à demain un entretien avec quelqu'un jouissant de votre confiance, après demain matin, toutes les pièces relatives à ce crime trop fameux seront entre les mains de M. le vicomte de Châteaubriand.

J'ai l'honneur, etc.

M. le Préfet, votre très-humble, etc., etc.

Signé le baron de Saint-Clair.

Sainte-Pélagie, le 20 octobre 1826.

(16)

De la Conciergerie, le 31 décembre 1826.

Monsieur,

Dans le désordre d'idées où m'a jeté le funeste et injuste arrêt qui m'interdit de me considérer désormais comme un membre de la société humaine, si la cour suprême n'y trouve point d'irrégularité, je vous ai écrit à la hâte et informé sommairement de mon malheur, du plus grand qui puisse jamais arriver à un être sensible et civilisé. Je n'ai pu aussi que vous prévenir de l'incident étrange qui a soudain attiré sur moi tout le courroux de M. le président Brisson, et accru l'insistance, l'étonnante animosité du ministère public.

Vous comprenez, Monsieur, qu'il s'agit de vos copies de lettres et réponses, et surtout de mon original de la fameuse *déclaration de Brinck*; voici à quelle occasion : il fut question dans les débats de la procédure, d'un navire, *le Silence*, que j'avais acquis en 1820 ou 21, à Honfleur, pour y faire un armement de commerce pour la côte d'Afrique; l'avocat-général nia l'achat et l'armement, j'insistai comme sur un fait de notoriété publique, et je dis que j'en possédais le titre (quoique ledit navire eût été depuis rétrocédé), on me somma de le produire; je répondis qu'il n'était point en mes mains à l'audience, mais chez mon avocat, ou dans mes effets ou malles ; et de suite réquisition et ordre du président de faire procéder sur-le-champ, à l'heure même, à la saisie, et apport de toutes malles, et des ballots et papiers à moi appartenant; et comme par le greffe des maisons de détention l'on avait le nom et l'adresse du sieur Housseau, il m'eût été inutile de prétendre l'empêcher ; je demandai vainement qu'aux termes de la loi, il me fût permis d'assister à cette saisie, à l'ouverture de ces objets; l'on me répondit que le tout devant être apporté en l'audience même, je serais présent au dépouillement, et l'ordre fut signé et remis à un huissier pour, avec un commissaire de police, effectuer cet enlèvement et apport à l'audience ; l'avocat-général, sur cet ordre du président, s'écria à très-haute voix : Ah! nous allons découvrir bien des choses! La séance fut remise au 29.

Je dois vous dire, Monsieur, que pour me débarrasser de

ces papiers, je les avais envoyés en un paquet cacheté chez M. Houzeau, mon dépositaire de confiance, comme en lieu sûr, n'imaginant pas cette mesure d'inquisition possible, vu que ma justification étant complète depuis long-temps, la police-judiciaire avait visité mes papiers un an auparavant, et laissé tout ce qui était étranger à mon procès.

Ainsi, le vendredi 29, une heure après l'ouverture de la séance, un huissier apporta un paquet de papiers avec le procès-verbal de saisie du commissaire de police, dont M. le président donna lecture; ce procès-verbal disait : Après nous être transporté, etc., le sieur Houzeau nous a remis un paquet de papiers qu'il a dit être les seuls qu'il eût en sa possession, et appartenir au sieur Jacques Sévigny, et M. le président et l'avocat-général me 'dirent aussitôt que j'en avais imposé à la justice, et de plus que je l'avais audacieusement offensée en disant que j'avais un très-grand nombre d'effets, ballots et papiers. Ensuite, pendant qu'il était constaté par le procès-verbal qu'il n'existait que ce très-petit paquet de papiers qui ne regardaient pas mon procès, le commissaire de police n'ayant rien trouvé autre chose : le tout fut dit avec un accent de colère étonnant. Je soutins *les protestations et conclusions qu'en entrant à l'audience j'avais déposées sur le bureau*, et que si mes malles, effets et papiers n'étaient plus dans la maison du sieur Houzeau, je l'avais ignoré en disant qu'ils y étaient, et avoir dit la vérité; que je n'avais protesté que pour n'être point accusé d'avoir violé la sûreté d'autrui, et non pour mes propres papiers et affaires qui ne renfermaient rien de coupable; mais pour d'autres papiers dont le sujet était étranger au procès et à l'accusation; que n'étant accusé ni de conspiration, ni d'aucun autre délit que celui du procès actuel, je

protestais contre la recherche faite de toutes autres pièces
hors ma présence, n'y ayant point de rapport, et que je
persistais.

Sur cela, en feuilletant les papiers qui étaient sous ses
yeux, (les autres conseillers se groupant autour du président au moment de l'apport), il me demanda : Accusé,
connaissez-vous M. de Saint-Clair? — Oui, M. le président. Et adressant la parole à ses collègues : c'est, dit-il, ce
colonel qui a été jugé dernièrement. Connaissez-vous le
nommé Brinck, et pourquoi il est détenu ? Oui, M. le président. Et il dit à part : c'est, Messieurs, un vagabond allemand ou hollandais, qui est, dit-on, accusé *d'avoir tué son
père.* Je repris la parole, et je dis : M. le président, le paquet dont vous paraissez occupé, et qui est l'occasion de
vos interpellations, m'a été confié sous le secret par M. le
baron de Saint-Clair; comme je ne le connais que sous les
rapports les plus honorables, comme digne militaire, plein
d'honneur, et de plus homme de bien comme il en existe
très-peu dans le monde, je tiens à son estime, et à n'être
point accusé d'avoir violé un secret, *un secret d'état*, dont
la publication peut porter un coup mortel à une personne
auguste, et la précipiter dans la tombe. Ainsi, je proteste
et réitère *le dépôt de ma protestation sur le bureau*; j'invite la
cour à m'en donner acte, à en délibérer. Comme je finissais,
arriva un second message du commissaire de police, annonçant avoir, dans une seconde recherche, trouvé en effet
mes malles, papiers, etc., et des porteurs vinrent déposer
tous ces objets au milieu de la salle, sur une grande table.
Je fis observer que tout ce que j'avais dit était vrai; que
j'avais dû protester et protestais encore contre cette mesure, parce qu'il ne pouvait être dans la pensée de M. le

président de faire descendre la majesté d'une des premières cours du royaume, la cour royale de Paris, à des procédés d'inquisition, qui sont du seul ressort de la police, et que l'opinion lui pardonne à peine. Il parut aussi que l'avocat général fut fort mécontent de mon observation et protestation. Cependant le président et l'avocat-général dirent m'accorder tous mes effets et papiers qui étaient à ma disposition, et renoncer à les conserver (excepté les papiers en question qu'il dit qu'on allait faire déposer au greffe). Voilà, Messieurs, ce qui concerne l'affaire qui vous occupe. Hier, 3o, B..... a été appelé chez M. le juge d'instruction, qui lui a annoncé qu'il était réclamé par les autorités de son pays, comme soupçonné d'avoir tué *un capitaine de frégate*, et allait être conduit de brigade en brigade. Il a été dit qu'on le faisait partir, puisqu'il persistait à ne rien dire. B..... a répondu qu'il n'avait rien à dire. D. Connaissez-vous M. de Saint-Clair? R. Oui, et depuis 1819. Il connaît ma famille et est connu de ma famille depuis vingt à trente ans. D. Et M. le duc de Maillé? R. *Je n'ai plus rien à vous dire* ; M. le baron de Saint-Clair, ayant reçu dans le temps ma déclaration, c'est à lui seul que vous devez vous adresser. Et il a dit n'avoir autre chose à faire qu'à s'en rapporter à M. le colonel, baron de Saint-Clair, et y persister sans vouloir dire un mot de plus. Voilà, monsieur, ce qui s'est passé suivant le compte que Brinck m'en a rendu. Il m'a communiqué votre dernière à l'instant même, et je la lui ai lue en lui adressant des reproches pour s'être éloigné ainsi qu'il l'a fait : il en a témoigné du regret, et a pleuré. Il croit ou craint qu'on le trompe ; il vous supplie de ne point l'abandonner, et a grande crainte *d'être sacrifié en route, ou conduit en quelque prison secrète.*

Signé SEVIGNY.

Pour autorisation et pouvoir, ainsi, il a signé cet article. Jean-Louis Brinck supplie M. de Saint-Clair, et il le conjure de solliciter et obtenir en sa faveur, sous quel motif il lui conviendra *qu'il continue d demeurer dans l'une des prisons de Paris*, où il lui conviendra, promettant et s'engageant lui ouvrir toute son âme, tenir tout ce qu'il lui avait promis le 12 mars 1819, et qu'il lui a confirmé depuis par sa *déclaration*, l'autorisant en toutes démarches et mesures qu'il jugera convenables de faire, tant *en son propre nom qu'au sien*, promettant tout approuver ; et il a signé ledit jour, 31 décembre 1826, Jean-Louis Brinck.

———

LETTRE DE BUIEMA DU 2 JANVIER 1827.

Maintenant, pour vous prouver que je sens vivement toutes vos bontés, et que je ne suis point un ingrat, c'est que je vous proteste ici solennellement, mon cher colonel, que si je ne puis, ou ne crois pas devoir pour le moment rien ajouter à ma déclaration du 12 mars 1819, toujours est-il certain que tous les faits en sont vrais, tels que je vous les ai renouvelés par écrit, le 20 novembre dernier; et qu'enfin jamais aucune autre personne, aucun supplice ne m'en arrachera davantage, à moins que je ne sois convaincu que la *fortune et le pouvoir de vos amis* puissent balancer la puissance de mes ennemis.

Si vous obtenez cet ordre , et je vous autorise formellement à le solliciter pour moi et en mon nom, alors je croirai au pouvoir de vos amis et au vôtre. Je m'engage, dans ce cas, mon colonel, à ajouter toutes nouvelles déclarations à celle que ma conscience me prescrivit, il y a sept ans, et dont deux signées de moi sont entre vos mains; je n'aurai plus enfin aucune sorte de réserve vis-à-vis de vous : mes papiers seront remis, et vos ennemis et les miens, ceux de la dynastie vous seront connus; tout ce que je sais enfin vous sera révélé entièrement.

Signé J.-L. Brinck.

P. S. J'ai donc paru, mon colonel, chez M. le juge d'instruction, voici ce qui s'y est passé. D. Brinck, votre procédure est terminée, et puisque vous persistez à ne rien dire, vous allez être transféré dans votre pays de brigade en brigade? R. Je ne demande pas mieux si c'est pour être mis en liberté; mais j'ai été tant trompé que je n'y crois pas. D. Connaissez-vous M. de Saint-Clair, et depuis quand? R. Oui, Monsieur, depuis 1819 ; et je lui ai dit et déclaré dans le temps tout ce que je pouvais dire : adressez-vous à lui maintenant. D. Connaissez-vous M. le duc de Maillé? R. Je ne vous dirai rien de plus sur qui et quoi que ce soit, sinon de vous adresser à l'avenir à M. le colonel baron de Saint-Clair, et tout ce que vous me demanderez de plus sera inutile. — Eh bien! vous irez dans votre pays, où vous êtes réclamé par les autorités, comme soupçonné d'avoir tué un capitaine de frégate. R. S'il est vrai qu'on me renvoie dans mon pays, je ne crains rien; j'y vivais libre, et je n'y ai jamais fait de mal, quoique l'on dise aujourd'hui que j'ai tué, tantôt mon père, et à présent un capitaine de frégate.

Signé J.-L. Brinck.

(17)

Mon colonel,

Je trouve le moment favorable de vous écrire, j'ai reçu votre lettre du 3 janvier avec une joie inexprimable, vous m'écrivez que votre neveu allait un de ces jours voir l'ambassadeur des Pays-Bas pour empêcher mon enlèvement. Vous marquez dans la même lettre que vous me direz encore d'autres nouvelles, mais j'apprends avec chagrin, que je ne reçois pas de nouvelles depuis le 3 courant. Je ne sais ce qui peut occasionner ce silence de votre part. Si quelqu'un avait eu le malheur de vous détourner, ce serait un malheur pour moi. Je crois avoir trouvé en vous un second père, et je ne crois pas que vous m'abandonniez dans la position où je me trouve : ce n'est que vous seul qui peut me rendre à ma famille, *vous savez à qui j'appartiens*, je vous prie donc, au nom du ciel, de ne pas m'abandonner dans la position où je me trouve.

Vous me faites des reproches que je ne vous donne pas toute ma confiance, c'est le contraire, vous l'avez aujourd'hui toute entière.

Vous savez, monsieur, que je suis entré au service du vicomte de Lamothe en 1812 ; vous savez qu'il m'a donné toute sa confiance en 1819. Le complot qu'il avait projeté avec plusieurs de ses amis qui sont le général Saint-S..... le général comte Lion, le comte François d'Escars, le duc de Maillé, M. de Clermont Lodève, M. le comte Decazes et d'autres personnes que je ne peux pas vous nommer jusqu'à ce moment ici. Vous savez que le complot qu'ils ont projeté était contre S. A. R. le duc de Berry.

M. le vicomte de Lamothe m'a engagé à commettre ce crime à proposition de cent cinquante mille francs, certifié par le comte Decazes, le comte de Lion et le général Saint-S.... Moi, loin de me rendre coupable d'un meurtre envers un prince si généreux, je me suis enfui de la capitale pendant quelque temps.

Hélas ! pour mon malheur, je suis rentré à Paris le 18 décembre, et rentré dans mes fonctions chez M. de Lamothe. Le soir du 22 décembre, il m'appela seul et en me mettant les pistolets sous la gorge, me disant, si je ne voulais pas accepter ce qu'il m'avait offert, qu'il me brûlerait la cervelle ; c'est dans ce moment que j'ai oublié ce que mon père m'avait ordonné avant de mourir.

Le fatal jour arrive ; on devait consommer le crime le 12 février ; M. le vicomte de Lamothe m'a mis une bourse de quinze cents francs dans la main, en me disant : « Courage, — souviens-toi que ton père a bravé mille fois la mort au champ d'honneur ; tu sais qu'il a commandé le 11ᵉ de hussards, et que tu auras bientôt le même grade qu'il avait ; *tenez, recevez ce poignard.* » Je n'ai pas manqué de réfléchir par quel moyen je pourrais m'échapper des mains de ces scélérats ; mais toutes les ruses que j'ai employées furent inutiles. Louvel se présenta devant moi, accompagné du comte Decazes et des autres personnes dont je viens de vous citer les noms ; en me disant que c'était Louvel qui devait frapper le premier le prince, et que s'il le manquait, je devais porter le second coup. J'ai prêté serment à l'instant, ce que Louvel devait faire, si toutefois il manquait, je le ferais. Le 13 février à 9 heures du soir, je sortis de l'hôtel

Meurice avec le vicomte de Lamothe et le comte Decazes qui m'a fait monter dans une voiture et me conduisant dans une rue très-obscure où j'ai trouvé Louvel, qui me dit : *Le moment est arrivé de notre bonheur !* j'ai resté quelque temps saisi. A la fin il me prit par le bras et m'amena à la porte de l'Opéra où était la voiture du prince. Je suis resté derrière la voiture jusqu'à ce que le prince sortît. Aussitôt que le prince sortait en présentant la main à la princesse pour la faire monter dans la voiture, Louvel s'avança, et porta le coup au prince, qui s'écria : *Je suis assassiné !* Louvel se sauva d'un côté et moi de l'autre. Je me transportai de suite chez M. le vicomte de Lamothe qui se trouva seul chez lui. Je lui racontai ce qui venait de se passer, et il m'envoya voir si Louvel s'était échappé. J'ai entendu bientôt dire qu'il avait été arrêté rue Rameau. J'en portai la nouvelle au vicomte de Lamothe qui s'écria : *Je suis perdu !* Voilà, monsieur, tout ce que je puis vous apprendre pour ce moment ici. Vous pouvez envoyer votre neveu demain soir chez C.... je vous enverrai le reste de ma déclaration. Je finis en vous souhaitant tout le bonheur et de tout mon cœur, et je suis en attendant votre réponse,

Monsieur le colonel, votre très-humble, etc.

Signé : Jean-Louis BRINCK.

De la Conciergerie, ce mardi, le 10 janvier 1827.

A monsieur le colonel baron de Saint-Clair, à Paris.

SUITE DE LA NARRATION DE BUIEMA.

Mon colonel,

Je viens de recevoir votre lettre, qui m'a fait un sensible plaisir, je vous remercie des bontés que vous avez pour moi; mais soyez persuadé que j'en serai reconnaissant, je vous prie de m'excuser la peine que j'ai donnée pour aller chercher la suite de ma déclaration que je vous ai promise; mais je n'ai pas un moment à moi depuis avant hier, mais je vous envoie la suite de ma lettre.

Aussitôt que le coup fatal était arrivé, le vicomte de Lamothe m'a fait entrer dans sa chambre, et m'a dit de garder le secret, de n'en jamais parler à personne. Je lui ai répété le serment, en lui disant que cela ne sortira jamais de ma bouche; et il m'ordonna de porter une lettre au comte de Decazes, et de ne la remettre qu'à lui seul. Celui-ci m'a reçu très-mal en me disant : Que si je ne quittais pas la capitale, il me ferait arrêter sur-le-champ. J'ai gardé la lettre dont j'étais porteur, et je suis retourné chez M. le vicomte de Lamothe. En entrant chez lui, je n'ai trouvé personne, et j'ai resté tout saisi. Après quelques heures d'attente, je me retirai dans ma chambre, où je ne fus pas plutôt couché, que je fus sonné. Je ne fus pas plus surpris de voir M. le vicomte de Lamothe, qui pleurait, et qui me dit : Si tu n'es fidèle au serment que tu m'as fait, *nous sommes tous perdus.* Et il me donna un certificat et une lettre de recommandation au général commandant à Châlons-sur-Marne. Le lendemain à six heures, je suis parti de Paris, déguisé en femme, pour me rendre à Châlons. En arrivant à Clayes, je fus arrêté par quatre gendarmes, qui me conduisirent devant le procureur du roi, qui m'interrogea, et qui vit aussitôt que je n'étais pas une femme. Il ordonna de me visiter, voir si je n'avais pas de papiers. Heureusement que j'avais caché mes papiers, et on ne les trouva pas. On me conduisit en prison, et je fus déclaré complice du meurtre de S. A. R., la nuit du 13 au 14 février. Après avoir exposé plusieurs fois ma vie, je vins à bout de m'évader; je me hâtai aussitôt de gagner Meaux, où je profitai d'une occasion de prendre une voiture pour me rendre à Châlons, d'où je me rendis de suite chez le comte de Lion, qui m'a reçu *en me montrant les marques d'une amitié peu commune.* Je suis resté quelque temps chez lui : je n'en sortis que lorsque j'ai reçu l'ordre de me rendre à Lyon, auprès du vicomte de Lamothe.

Monsieur, vous pouvez concevoir ce qui s'est passé entre lui et moi. Il me demanda de quelle manière j'étais parvenu à m'évader. Je lui contai d'abord que j'avais été questionné par le procureur du roi de Clayes. M. le vicomte de Lamothe m'a donné une lettre du duc de Maillé : je me hâtai de la lire, voilà en quoi elle consistait : il me disait que je savais très-bien ce qui s'était passé entre lui et les comte de Decazes, comte de Clermont Lodève et François d'Escars, le 22 décembre 1819; et ensuite il m'a prié de garder le plus profond silence, et qu'il en sera reconnaissant. J'ai reçu cette lettre le 19 octobre 1820. Mon colonel, cette lettre seule pouvait me rendre ma liberté ; mais sans vous, je ne pouvais jamais faire aucune autre chose. Vous savez, j'ai affaire à des ennemis puissans, mais plus lâches que moi; vous savez que je suis le fils d'un homme qui a mille fois bravé la mort pour sauver ses princes et sa patrie : j'ai suivi ses traces au champ d'honneur, et ainsi que lui j'ai fait face à l'ennemi; pourquoi ne le ferais-je pas devant une poignée de scélérats qui occupent aujourd'hui les places les plus importantes auprès du monarque? Restons là sur le compte de ces individus qui ne cherchent qu'à faire du mal.

J'ai reçu une lettre du comté de Lion, dans laquelle il me parle comme le duc de Maillé. Enfin, Monsieur, je suis resté au service du vicomte de Lamothe jusqu'à ce que l'on m'avait plusieurs fois soupçonné dans la ville de Lyon, comme complice du meurtre dont je vous ai parlé plus haut. Enfin j'ai quitté Lyon pour me rendre dans le sein de ma famille ; j'ai traversé la France rapidement et malheureusement dans la ville de Lille, je fus arrêté comme prévenu de désertion du 52ᵉ régiment de ligne. On a pris tous les renseignemens possibles et ne m'ayant pas trouvé sous aucun numéro de ce corps, je fus mis entre les mains du civil. Au bout de huit jours je fus conduit devant M. le marquis de Jumilhac, général commandant la division, qui me demanda si je ne sortais pas du service de M. le vicomte de Lamothe, je lui ai répondu que non; il m'a traité avec la plus grande rigueur, en me disant que *je savais quels étaient les assassins du prince.* Comme j'avais prêté serment à M. le vicomte de Lamothe de rester muet sur la question, il ordonna de me mettre dans un cachot les fers aux pieds et aux mains. Je parvins d'écrire une lettre au général Delcombre qui est mon cousin, et je fus enfin délivré de ma captivité par ordre du commandant de Lille, qui m'a donné une feuille de route pour me rendre à ..... où restait M. Delcombre. C'est là que j'ai eu connaissance de M. C....... c'est là où je lui ai remis une lettre écrite par M. le duc de Maillé, en date du 19 octobre 1820, signée de lui-même, en outre une lettre de

M. le comte de Lion, en date du 19 septembre 1820, plus
une lettre du vicomte de Lamothe en date du 26 août 1823,
un certificat du vicomte de Lamothe signé du comte Decazes,
du duc de Maillé et du vicomte de Lamothe.

Voici, mon colonel, tous les renseignemens que je puis
vous donner de ma triste position. Je compte sur vous
comme vous pouvez compter sur moi ; j'ai aujourd'hui tous
mes moyens de défense en mes mains ; je perdrais plutôt la
tête que de succomber par les mains de mes ennemis. Je me
recommande à votre bonté, et je vous prie de ne pas m'a-
bandonner dans ma triste position. Quant au vicomte de
Lamothe j'ai toutes les preuves contre lui, jusqu'à l'arme
dont il m'avait armé pour frapper l'infortuné prince, *car
cette arme est encore entre mes mains.*

M. C..... n'est plus à Paris, il a abandonné mes pièces
et les a mises entre les mains de M. P..... : cet homme
viendra à Paris, et alors vous aurez tous les moyens de
triompher contre vos ennemis, etc.....

Voilà, monsieur le colonel, tout ce que j'ai à vous apprendre pour le moment, et je suis, en attendant votre réponse,

Monsieur le colonel, votre très-humble, etc.

Signé Jean-Louis Brinck.

De la Conciergerie, à neuf heures et demie du soir, ce
vendredi, le 12 janvier 1827.

A M. le colonel, baron de Saint-Clair, à Paris.

(18)

Paris, ce 27 janvier 1827.

Monseigneur,

Il faut des motifs du plus puissant intérêt pour que je me permette d'insister auprès de Votre Excellence afin qu'elle daigne accorder sa haute protection au nommé Brinck, actuellement à la Conciergerie. Ce que j'ai pu faire communiquer à Votre Excellence, au sujet de cet individu, doit lui faire pressentir qu'il est d'une extrême importance, je dirai même d'un intérêt politique, que Brinck, accusé de vagabondage, ne soit pas, sous ce prétexte, soustrait à mes recherches non plus qu'à votre surveillance.

Il me suffira sans doute, pour exciter votre sollicitude, de vous faire remarquer une circonstance singulière. Brinck est Hollandais, natif de L....., son extradition a été demandée par les autorités françaises; il a été transféré depuis près de deux ans de prison en prison, sous le poids d'une accusation de complicité dans un crime politique. Aujourd'hui, abandonnant cette première prévention, et même d'autres encore, dénuées de tout fondement, on veut le juger comme vagabond! La sagacité si bien connue de Votre Excellence démêlera le fil de cette intrigue dont (je ne puis en douter) les magistrats eux-mêmes sont les dupes.

Si j'étais libre, un moment d'entretien avec Votre Exc. lui ferait connaître le fond de ma pensée. Dans l'impuissance où je suis de l'approcher, je ne peux que la supplier d'ajouter foi à la déclaration d'un militaire qui n'a jamais transigé avec l'honneur, et jamais ne s'abaissa à soutenir l'imposture. J'établis donc, et affirme à Votre Excellence, ce qui suit :

L'extradition de Brinck a été demandée et obtenue. Ne voulant ou ne pouvant suivre l'accusation formée contre lui, on a fini par l'accuser de vagabondage.

On peut voir, *on a des motifs* pour soustraire cet homme à tous les yeux.

Je connais l'individu et les *motifs* dont il s'agit. Brinck est Hollandais, et conséquemment sous votre protection.

Les motifs sont aussi hideux qu'importans. L'ayant vu hier, Votre Excellence aura pu apprécier l'exactitude de ce fait.

L'ensemble de cette affaire intéresse la France entière.

Par ces considérations, j'invoque de nouveau pour B.... l'intervention toujours croissante de Votre Excellence.

> J'ai l'honneur d'être, etc.
> Monseigneur, votre très-humble, etc.
>
> *Signé* le baron DE SAINT-CLAIR.

A Son Ex. le baron de Fagel, ambassadeur de S. M. des Pays-Bas.

(19)

RÉPONSE DE SON EXC. LE BARON DE FAGEL.

Monsieur le baron,

Je vous prie d'avoir l'esprit en repos sur l'intervention que je dois à un sujet des Pays-Bas. Aussitôt votre première correspondance relative au sieur Brinck, j'ai fait les démarches nécessaires auprès de l'autorité civile. *Suivant moi, Monsieur le baron, on le retient injustement*, et j'en attends le résultat. Je règlerai ce que j'aurai à faire ensuite.

J'ai l'honneur de vous offrir à cette occasion l'assurance de ma considération.

Signé le baron DE FAGEL.

(20)

Tribunal de première instance du département de la Seine. Police correctionnelle.

Assignation à prévenu. — Sixième chambre.

L'an mil huit cent vingt-sept, et le vingt-deux janvier, à la requête de M. le procureur du roi près le tribunal de première instance du département de la Seine, séant à Paris, chevalier de la Légion-d'honneur, qui fait élection de domicile en son parquet au Palais de Justice, à Paris;

j'ai, Eugène-Gabriel Maupin, huissier-audiencier audit tribunal, patenté, demeurant à Paris, rue du faubourg Saint-Antoine, quartier des Quinze-Vingts, soussigné, donné assignation au sieur Brink Arien, détenu à la Conciergerie, en ladite maison, écroué sous le nom de Michel Brunck, en parlant au dénommé en l'original.

A comparaître en personne le samedi vingt-sept janvier, à neuf heures précises du matin, à l'audience du tribunal de première instance du département de la Seine, sixième chambre, jugeant en police correctionnelle, séant à Paris, au Palais de Justice.

Pour répondre et procéder sur et aux fins du procès-verbal dressé contre lui, duquel il résulte qu'il est prévenu de vagabondage; délit prévu par les articles 271 et 272 du code pénal;

Et en outre répondre aux conclusions qui seront prises contre lui par M. le procureur du roi, d'après l'instruction à l'audience, et j'ai au nommé, en parlant comme dessus, laissé cette copie.

Signé Maupin.

(24)

Paris, ce 8 mars 1827.

Monseigneur,

J'apprends que B..... est en ce moment dirigé sur Valenciennes, de brigade en brigade, mais non à pied, avantage qu'il doit sans doute à votre intercession, ce dont je vous prie d'agréer toute ma reconnaissance.

Je ne puis douter, Monseigneur, que la bienveillance de Votre Ex. suive ce malheureux jusqu'au lieu de sa destination, et même jusqu'à l'instant où, rentré dans sa patrie, il n'aura plus à craindre les effets de la haine d'un parti dont il a été long-temps le jouet. et dont, malgré son obscurité, il court encore le risque d'être la victime. Cependant j'oserai vous avouer que je n'aurai de tranquillité réelle à cet égard, que si Votre Ex. a la bonté de m'assurer, *de nouveau*, qu'elle suivra B... de sa haute protection, jusqu'au moment où il sera rentré dans le sein de sa famille.

Mon insistance sur ce point peut, Monseigneur, vous paraître d'autant plus importune et extraordinaire, que Votre Ex. a, je le sais, été singulièrement édifiée sur mon compte et celui de mon protégé. Ma position actuelle ne me permettant pas de repousser en ce moment d'ingénieuses calomnies dont des hommes recommandables, mais abusés, se sont rendus les échos, il ne me reste d'autre ressource que d'invoquer votre sagesse, je dirai même votre longanimité, pour qu'elles vous suggèrent de

différer votre jugement et de m'accorder provisoirement
les mesures conservatrices et de sûreté que je réclame, mesures entièrement inoffensives, et dont l'absence pourrait
plus tard exciter tous vos regrets.

Ne vit-on jamais, Monseigneur, un homme honnête
accablé sous le poids de la calomnie et de l'intrigue ? Est-il
sans exemple qu'un sujet loyal et fidèle ait été victime des
haines d'un parti dont les secrets lui étaient connus ? Eh !
qu'y aurait-il donc d'extraordinaire à ce que je me trou-
vasse (mais pour peu de temps, j'espère,) dans cette si-
tuation pénible ; à ce que bientôt même je fusse dans une
position plus périlleuse encore ? car je n'hésiterai pas à faire
tout ce que je crois de mon devoir.

Et c'est un devoir que je remplis, lorsque je me permets
de rappeler à Votre Ex.,

Que l'extradition de B..... a été demandée par les autorités françaises, et qu'il n'est point vrai que son arrestation
ait eu lieu à Valenciennes;

Que, pendant deux années, il a été traîné de prison
en prison, sous l'accusation de complicité d'un assassinat
politique;

Que dans le sein du tribunal même, un président a
articulé que B..... était soupçonné d'avoir assassiné son
père;

Que son juge d'instruction lui a déclaré qu'il était réclamé
par les autorités de son pays, comme soupçonné d'avoir
assassiné un capitaine de frégate.

Que cependant il n'a été conduit sur le banc des accusés
que pour le fait de vagabondage, ce dont on n'a pu le con-
vaincre;

Que l'on s'est borné à ordonner son renvoi à Valenciennes, *mais qu'on n'a pu assigner aucuns motifs à son transfèrement à Paris;* question qui est restée entière.

Que toutes ces hésitations, tergiversations et accusations diverses sont, pour tout esprit réfléchissant, au moins indicatives de faits occultes que le temps et la prudence peuvent seuls dévoiler.

J'ajouterai et répèterai encore que B...... et sa famille me sont connus; que certains individus, en ce moment à l'abri sous le manteau de leur puissance, ont de grands motifs de souhaiter sa disparition et sa perte; que ces motifs hideux sont à ma connaissance, et que l'ensemble de cette affaire intéresse la France entière, puisqu'il ne s'agit rien moins que d'un assassinat commis sur un prince français, et de ceux qu'on peut méditer encore.

Les personnes recommandables qui vous ont entretenu de moi, Monseigneur, sont elles-mêmes abusées; elles ont involontairement surpris votre religion, comme on a surpris la leur; en vous parlant avec cette assurance, sous le poignard d'une calomnie adroite et persistante, je remplis le devoir d'un sujet fidèle, et votre excellence ne pourra m'en blâmer.

J'ai l'honneur d'être, Monseigneur,

Votre très-humble etc.,

Signé Le baron de S.-CLAIR.

A son excellence le baron de Fagel, ambassadeur de S. M. le Roi des Pays-Bas.

(22)

MINISTÈRE DES AFFAIRES ÉTRANGÈRES. — CABINET.

Le comte de la Ferronnays s'est empressé, ainsi qu'il en avait pris l'engagement avec M. Laget de Podio, et comme l'avait déjà fait M. le garde des sceaux, de remettre entre les mains du Roi tous les papiers relatifs aux communications dont fait mention la lettre de M. le baron de S.-Clair; ces papiers étant sous les yeux de S. M., c'est elle qui désormais jugera de l'importance des informations qu'ils contiennent et de la suite qu'il convient de leur donner. Le comte de la Ferronnays pense donc que jusqu'à nouvel ordre, toute explication, à cet égard, entre lui et M. le baron de S.-Clair, est entièrement inutile, et profite de cette occasion pour lui offrir l'assurance de sa considération.

Paris, le 8 mai 1828.

ORDRE DES PIÈCES JUSTIFICATIVES.

(17) Les dernières révélations de Buiema par dèux lettres.

(18) Ma lettre à l'ambassadenr du roi des Pays-Bas du 27 janvier 1827.

(19) Réponse, du même jour, de l'ambassadeur.

(20) Exploit d'assignation à Buiema,

(21) Ma deuxième lettre à l'ambassadeur.

(22) Lettre du comte de la Ferronnays.

FIN.

IMPRIMERIE DE A. BARBIER, RUE DES MARAIS S.-G. N. 17.